『創価学会教学要綱』と日蓮本仏論の考察

須田晴夫

鳥影社

はしがき

本書には「『創価学会教学要綱』の考察——仏教史の視点から」（二〇二四年発表）と「日蓮本仏論の考察——宮田論文への疑問」（二〇一六年発表、二〇二四年加筆）の二編の論文、更に付論として「『教学要綱』に関する会長宛て書簡」と「男子部教学室『論考』への応答」を収録した。本書に収めるに際し、二編の論文については前者には若干の加筆をし、後者は御書の引用を前者と同様に『日蓮大聖人御書全集　新版』による形に改めた。

二編の論文はともにオンデマンドによるペーパーバックの形で上梓されたが、それはあくまでも仮の出版であったので、今回、一般の書物としてより読み易い形にすることができたと思われる。

『創価学会教学要綱』が発刊されたのは二〇二三年だが、その成立の背景には後者で取り上げた日蓮本仏論やアカデミズムを巡る問題がある。それ故、二編の論文が執筆された時点に八年の間隔があるが、内容的には強い関連があるので、二つを合わせて通読すれば問題をより深く理解していただけるものと思う。

二編の論文には重複した記述もかなりあるが、それは両者を執筆した時点で共通の問題意識があったためである。読者の方々の御寛恕をお願いしたい。

二〇二四年十一月　著者記す

（凡例）

一、日蓮遺文（御書）の引用は創価学会版『日蓮大聖人御書全集　新版』による。書名を示さずページ数のみを示す場合は同書の引用であることを示す。ただし読み易さを考慮して表記を改めた箇所もある。

一、法華経の引用は創価学会版『妙法蓮華経並開結』による。読み下し文は改めた箇所もある。

『創価学会教学要綱』と日蓮本仏論の考察　目次

第一部　『創価学会教学要綱』の考察

――仏教史の視点から

ペーパーバックの「はじめに」

二〇二三年十一月に『創価学会教学要綱』が発刊された。その時点における創価学会の教義を公に示した公式見解である。

筆者は一九六三年に創価学会に入会して以来、学会員として日蓮仏法の信仰に励んできたが、『教学要綱』を読んでこれまで学んできた教義と大きく乖離《かいり》したところが多くあることに強い違和感を覚えた。そこで問題の所在を明らかにし、日蓮仏法のあるべき教義を考えるために本書を書き起こすこととした。記述に当たっては『新版　日蓮の思想と生涯』『日興門流と創価学会』『新版　生命変革の哲学』など、これまで上梓した拙著をベースにし、釈迦から創価学会に至る仏教史の概略を確認しながら進めてみた。

会の公式見解に対して意見を述べることは本意ではないが、ことは信仰の根本である教義の問題である。これまで学会員は創価学会を通して日蓮仏法を実践し、人生の困難を乗り越えて各自の宿命転換を実現してきた。その功徳の実感は創価学会に正しい仏法が存在していることを確信させるものであった。しかし今後、もしも教義に誤りが生じたならば、それを放置しておくことは将来の人々の幸福の道を閉ざし、仏法破壊の事態に陥る恐れすらある。

一九三〇年に創立された創価学会は、これまで日本と世界に日蓮仏法を広く弘通する偉大な実績を残してきたが、人間が形成している団体である以上、絶対無謬の存在ではなく、その歴史には改めるべき多くの反省点があったことは言うまでもない。一九七〇年にいわゆる「言論問題」を巡って自らの言論妨害行為について謝罪したこと、それまで掲げてきた「国立戒壇」の用語を今後用いないと表明したことなどはその一例である。人間の集団であるならば試行錯誤があることは当然である。誤りが明らかになれば、それを正さなければならない。信仰は各人の人生に直結する問題であるから公式見解だからというだけでそれに盲従するのではなく、自分の頭で考え、検証していく作業が必要であろう。

「創価学会は、人権を擁護し促進する」(「創価学会社会憲章」)と自ら宣言しているので、「言論の自由」に基づく本書に対しても、その内容に同意できるかどうかはともかく、一つの主張として受け止められることを期待したい。本書が創価学会の健全な発展のため、その一助になれば幸いである。

二〇二四年八月　　著者記す

（1）日蓮は「釈迦仏の使い」か

『教学要綱』の骨子の一つは、最後まで一貫して日蓮を「釈迦仏の使い」「上行菩薩の再誕」と位置づけていることである。例えば竜の口の法難と佐渡流罪に触れて『教学要綱』は次のように述べている。

「この二つの最大の難を乗り越える中で、大聖人は境涯の大転換を果たされた。（中略）それでは、大聖人は新たにどのような立場に立たれたのであろうか。それは、釈尊から滅後悪世の弘通を託された地涌の菩薩、なかんずくその筆頭である上行菩薩としての役割を果たす立場である」（同書四三頁）

以下の文も同様の趣旨を述べている。

「大聖人御自身が、竜の口の法難を契機に、釈尊から『南無妙法蓮華経』を付嘱された上行菩薩の使命に立ち、自らその『南無妙法蓮華経』を覚知したという究極的な自覚に到達された」（同書七六頁）

「大聖人が、その『南無妙法蓮華経』を具体的に三大秘法として示し、末法の衆生の成仏のための修行方法を確立して、それを弘通したことは、地涌の菩薩の先頭に立つ上行菩薩としての使命を果たされたものであると解釈できる」（同書九二頁）

「日蓮大聖人は（中略）自身が釈尊から滅後の『法華経』の流布を託された『如来の使い』であるという自覚を示されている」（同書九三頁）

「大聖人は、法華経の行者という使命に立ち、釈尊から『法華経』の肝心である『南無妙法蓮華経』を託された地涌の菩薩であるという自覚を持って、末法の一切衆生の成仏を可能とする三大秘法を確立されたのである」（同書九四頁）

日蓮は、通常の御書においては自身が上行菩薩に当たると明言していないが、「地涌の菩薩のさきがけ日蓮一人なり。地涌の菩薩の数にもや入りなまし。もし日蓮、地涌の菩薩の数に入らば、あに、日蓮が弟子檀那、地涌の流類にあらずや」（一七九〇頁）、「日蓮と同意ならば地涌の菩薩たらんか。地涌の菩薩にさだまりなば、釈尊久遠の弟子たること、あに疑わんや」（一七九一頁）等と謙遜の表現を用いながら自身と門下が地涌の菩薩に当たることを強調して門下を化導した。

五百塵点劫に成道した久遠実成の釈迦仏が地涌の菩薩の上首である上行菩薩に法華経の要法を付嘱して仏滅後の弘通を託したということは法華経神力品に説かれる内容である。従地涌出品に「我、久遠よりこのかた是れ等の衆を教化せり」(法華経四六七頁)と説かれるように、釈迦仏が地涌の菩薩を久遠の昔から教化してきた師に当たるとされる。そこで日興門流以外の日蓮宗各派は、この経文の説示に従って日蓮を上行菩薩とし、久遠実成の釈迦仏を本仏とする(「日蓮大菩薩」との呼称もそれに由来する)。例えば身延派の教義書である『宗義大綱読本』では「遠流と刀杖等の諸難の連続を体験された聖人は、法華経に予言された地涌上行の自覚を確立された」(同書八頁)と述べている。

日蓮＝上行菩薩ということは諸門流も日興門流も同じだが、諸門流が日蓮を文上の法華経が示す通り「釈迦の使い」「釈迦から委託された存在」と位置づけるのに対し、後に述べるように、日興門流は日蓮を上行菩薩とするにとどまらず、日蓮を上行とするのは化導のための方便(外用《げゆう》)であって、日蓮の内証は釈迦を超越した根源仏(久遠元初自受用身)であるとする。そこに日興門流と身延派など他門流との根本的な相違がある。

ところで『教学要綱』は諸門流と同様に、あくまでも日蓮を「釈迦の使い」とする立場に立つので、経典の上では上行は釈迦の弟子であるから、当然のことながら釈迦を上位、日蓮を下位の存在と位置づけることになる。それは日蓮よりも釈迦を根本視する態度であり、身延派等と同様の釈迦本仏の立場に近づく。もちろん『教学要綱』は釈迦本仏とは明言しないが、日蓮＝上行菩薩の立場にとどまる限り、実質的には「隠れ釈迦本仏論」と見なされよう。

日蓮の後継者日興に始まる日興門流では日蓮を根源の法である南無妙法蓮華経と一体不二の

根源仏（久遠元初自受用身）とするが、『教学要綱』の言う「末法の本仏」は日興門流の意味する「末法の本仏」とは言葉は同じでもその内実が全く異なっている。『教学要綱』によれば、日蓮は「上行菩薩の働きを果たした」「仏の使い」である菩薩であり、仏ではない。『教学要綱』が日蓮を指して「仏と同じ権能を有して」（同書九一頁）と述べているのは、仏ではない存在が仏と同じ権能を持つという意味になるので（既に仏であるならば、わざわざ「仏と同じ権能を有」すると述べる道理はない）、日蓮を仏と認めず菩薩にとどまるとする立場に立っていることを表明しているように読める記述になっている。

（2）久遠実成の釈迦仏も迹仏

法華経神力品において上行菩薩に仏滅後の仏法弘通を付嘱した主体者は、五百塵点劫という久遠の昔に成道したとされる久遠実成の釈迦仏である。如来寿量品では、釈迦が今世で初めて成道したとする爾前迹門《にぜんしゃくもん》の立場を退け、「我実に成仏してよりこのかた、無量無辺百千万億劫なり」（法華経四七八頁）と説いて、釈迦が五百塵点劫の昔に仏果を得たとする。今世の成道を迹果とするのに対し、この五百塵点劫の時点での成道を本果とする。結果がある以上、必然的にそれをもたらした原因がある道理だが、寿量品に「我、もと菩薩の道を行じて（我本行菩《がほんぎょうぼ》薩道《さつどう》）」（同四八二頁）と釈迦が成道以前に菩薩道を行じていたと説かれることをもって、天台大師は釈迦の成道（本果）をもたらした本因は菩薩道を行じたことにあるとした（『法華玄義』）。釈迦は菩薩道を行ずることによって五百塵点劫の時に初めて成道したというのである。

菩薩道を行じたという以上は、行ずる法がなければならない。釈迦仏は成仏を可能にする根源の法を行ずることによって成道を遂げたのである。その根源の法（＝妙法）こそが釈迦仏を生み出した「能生《のうしょう》」の師であり、釈迦はその法によって仏にさせてもらった「所生《しょしょう》」の存在となる。妙法が能生、釈迦が所生であることについて日蓮は「本尊問答抄」で「法華経は釈尊の父母、諸仏の眼目なり。釈迦・大日、総じて十方の諸仏は、法華経より出生し給えり。故に今、能生をもって本尊とするなり」（三〇四頁）と説いている。

その根源の法は、日蓮が「三世の諸仏の師範」（「煩悩即菩提の事」一五二〇頁）と述べているように、釈迦仏だけでなく一切の仏を仏にさせた師である。日蓮は「その法体とはまたなにものぞ。南無妙法蓮華経これなり」（一五二一頁）として、南無妙法蓮華経こそが諸仏を成道させた法体であるとした。もちろん南無妙法蓮華経は寿量品の文上に明かされてはいない。寿量品は釈迦仏の五百塵点劫の成道を説くことを通して「我本行菩薩道」の文の文底に暗々裏に南無妙法蓮華経を指し示したのである。

久遠実成の釈迦仏は南無妙法蓮華経によって仏にさせてもらった仏であるから根源の仏ではない。また五百塵点劫という一時点において初めて成道した仏であるから無始の存在でもない。寿量品の後の分別功徳品や神力品に「如来の滅後」（法華経五〇七頁、五七二頁）と説かれるので無終でもない（真に永遠の仏であるならば「如来の滅後」があるはずはない）。釈迦仏は有始有終の、時間的に限定された仏である。それ故に『教学要綱』が「釈尊の本来の真実の境地（本地）は、無限の過去から無限の未来まで常に存在する『永遠の仏』である」（同書二八頁）とするのは法華経の内容に完全に違背している。それにもかかわらず法華経の明確な教示を無視して強引に釈迦を永遠の仏としていることはそれ自体が一種の欺瞞であり、『教学要綱』が人々を釈迦本仏へ引き入れようとする意図を持っていることをうかがわせる。

また『教学要綱』が釈迦に対して「〜された」などの尊敬表現を終始用いていることも創価学会の教学書としては極めて異例であり、そこにも釈迦本仏への志向を看取することができよう。

法華経において釈迦仏は永遠の仏ではないので、その教えも時代の経過とともに救済力を喪失する「末法」が到来する。それは分別功徳品に「悪世末法」（法華経五一三頁）とある通り、法華経自体が認めるところである。末法においては文上の法華経では衆生を救うことができないから、一切衆生を成仏させうる根源の法（南無妙法蓮華経）が説かれなければならない。それ故に日蓮は「今、末法に入りぬれば、余経も法華経もせんなし、ただ南無妙法蓮華経なるべし」（「上野殿御返事」一八七四頁）とするのである。日蓮が「今、末法に入りぬ。人ごとに重病有り。阿弥陀・大日・釈迦等の軽薬《きょうやく》にては治《じ》し難し」（「妙密上人御消息」一七〇八頁）と明言している通り、結局のところ釈迦仏は末法の衆生を救うことができない仏であり、末法においては釈迦に代わって能生の法体である南無妙法蓮華経を弘通する教主が出現しなければならない。実際に南無妙法蓮華経を弘めた存在は日蓮以外にはないのであるから、日蓮その人を南無妙法蓮華経と一体の根源仏と位置づけることが必然の帰結となる。久遠実成の釈迦仏も衆生の機根に応じて出現した迹仏（応仏）であり、諸仏能生の師である南無妙法蓮華経如来に対しては劣位にあるという勝劣を説くのが日蓮の元意であり、日興門流の根本教義である。

歴史的に見ても法華経は紀元一世紀ないしは二世紀頃に成立した初期大乗経典の一つであり、寿量品に説かれた久遠実成の釈迦仏といっても実在の存在ではなく、法華経制作者が創作した観念上の存在に過ぎない。先に述べたように、久遠実成の釈迦仏とは、釈迦仏を含む一切の仏が根源の法（＝妙法）を因として成仏した存在であるという「能生・所生」の思想を打ち出すために法華経制作者が作り上げた一つの観念なのである。阿弥陀如来や大日如来など、経典に説かれる諸仏と同じく、現実にはいつどこに存在したわけでもない架空の存在である。久遠実成の釈迦仏が三十二相を具える色相荘厳の仏であると説かれることもそれが架空のものであることを示している。体が金色《こんじき》で眉間《みけん》の白毫《びゃくごう》から光明を発するなどの三十二相の姿は神話的思考の中で生きていた古代人を引き付けるための手段として説かれたものであり、現実にそのようなウルトラマンのようなものが存在するはずもない。

日蓮が「諸法実相抄」で「釈迦・多宝の二仏というも用《ゆう》の仏なり。（中略）凡夫は体の三身にして本仏ぞかし、仏は用の三身にして迹仏なり。しかれば、釈迦仏は我ら衆生のためには主・師・親の三徳を備え給うと思いしに、さにては候わず、返って仏に三徳をかぶらせ奉るは凡夫なり。その故は、如来というは、天台の釈に『如来とは、十方三世の諸仏、二仏、三仏、本仏・迹仏の通号なり』と判じ給えり。この釈に『本仏』というは凡夫なり、『迹仏』というは仏なり」（一七八九頁）と述べているように、経典上の仏は仏の働き（用）を示すために説かれた「迹仏」であり、現実に存在する仏（本仏）は妙法を受持した凡夫以外にない。この「諸法実相抄」の文などに照らすならば、久遠実成の釈迦仏を迹仏とする解釈は日蓮の御書には見られないなどという主張は明白な誤りである。

ところが『教学要綱』の後注一〇八には創価学会が日蓮を末法の本仏とすることについて述べた、やや意味不明な次の文章がある。それは「日蓮正宗の教学では、『御本仏』という表現には、日蓮大聖人が根本の仏であり、久遠実成の釈尊も、その仮現（垂迹）であるという含意があるが、創価学会では『末法という現在において現実に人々を救う教えを説いた仏』という意味で、大聖人を『末法の御本仏』と尊称する」（同書一八七頁）というものである。この文章は、日蓮正宗が日蓮を本仏、久遠実成の釈迦を迹仏としていることを批判しているように読めるが、しかし釈迦を末法の衆生を救えない仏とすることは日蓮自身が「妙密上人御消息」「諸法実相抄」「諫暁八幡抄」などで明言していることであり、「日蓮本仏・釈迦迹仏」の教義は批判の対象どころかむしろ日蓮・日興の正統教義そのものである。

『教学要綱』では日蓮を「釈迦の使い」であるとともに「末法の本仏」とするが、厳密に言えば、「釈迦の使い」と「末法の本仏」が同時に両立することは論理的にあり得ない。本迹は本（本体）と迹（影）という対概念であるから、片方だけで存在するものではなく、本仏があるならば必ず迹仏がある。日蓮が末法の本仏であるならば、何が末法の迹仏となるのか。本因妙の仏である日蓮に対応するものは本果妙の釈迦仏以外にない。従って日蓮を末法の本仏としたならば、末法においては釈迦仏を迹仏とせざるを得ない。ところが日蓮を「釈迦仏の使い」にすると、本仏（本体）が迹仏（影）の使いになるという論理矛盾が起きることになる。日蓮が末法の本仏であるならば釈迦仏の使いではない。日蓮が釈迦仏の使いならば末法の本仏ではない。

要するに『教学要綱』の立場は論理的に破綻《はたん》しているのである。あくまでも日蓮を釈迦の使いであるとするのであれば、身延派が主張するように、末法においても釈迦が本仏であり、日蓮は仏ではなく釈迦から委託された上行菩薩に過ぎないとするのが論理的に整合性のとれた正しい在り方となろう。『教学要綱』が日蓮を「末法の本仏」としているのは先に引いた後注の言葉が示すように釈迦から委嘱された「末法の弘通者」の意味であり、根本の仏という本来の意味はない。それ故に『教学要綱』が説く日蓮本仏論は言葉の上だけの「偽装」であり、「偽装日蓮本仏論」と言わなければならない。

（3）法華経成立の意義

①法華経成立までの歴史

それでは法華経という経典は何の目的のために制作されたのか。この点を考えるには仏教史の概略を確認する必要がある。

周知の通り、釈迦（ゴータマ・シッダルタ）は現在のネパール共和国西南部のルンビニに王家の王子として生まれた。その生没年代には紀元前五六六年〜前四八六年、前四六三年〜前三八三年など多くの説があり、確定しない。結婚して男児を得たが、生老病死という人生の根本問題の解決を求めて十九歳あるいは二十九歳の時に王子の地位を捨てて出家し、沙門《しゃもん》となった。当時のインドは神々への賛歌であるヴェーダを聖典とするバラモン教（ヒンズー教の前身）が支配的で、厳しい男女差別やヴァルナ制度（後のカースト制度）による階級差別が行われていた。

沙門となった釈迦は徹底的な修行に励み、三十ないしは三十五歳の時にブダガヤの菩提樹の下で悟りを開いたと伝えられる。「雑阿含経《ぞうあごんきょう》」に「私はこの法を悟ったのだ」（大正蔵二巻三二二頁）と説かれる通り、この時、釈迦は宇宙を貫く根源の法（＝妙法）を覚知したと考えられる。その後、釈迦は八十歳で入滅するまで伝道の歩みを続けた。

釈迦が説いた教えは従来のバラモン教や同時代の「六師外道」と呼ばれる自由思想家たちの

思想を厳しく批判するものであった。他宗教にはない仏教の特徴は「諸法無我」「諸行無常」など、法印（法の印）と言われる言葉に象徴的に示されている。

「諸法無我」とは、全ての現象（諸法）において、バラモン教が説くアートマンや霊魂などのような不滅の実体（我）は存在しないということをいう。それ故に仏教は、宇宙を創造し、人間世界に介入する神などの観念は一切認めない。ただ存在するのは因果の法則を含む「法（ダルマ）」だけであるとする。その意味で仏教は当初から徹底した無神論の立場に立つ宗教である。「諸行無常」とは、全ての存在は生滅変化するものであり、常に変わらない常住不滅のものは存在しないことをいう。

「諸法無我」「諸行無常」という仏教の根本思想は、まとめれば「縁起説」に要約される。縁起とは縁によって生起するとの意で、現象世界には他と無関係にそれ自体だけで存在する常住・固定の実体はありえず、万物は原因および原因を発動させる他との関係（縁）によって生滅流動していくことをいう。竜樹（ナーガールジュナ。一五〇年頃〜二五〇年頃）が『中論』で「縁起せるところのもの、それが空であると我々は説く。それは仮名《けみょう》にして、それはすなわち中道である」と説くように、「縁起」は「空」「中道」と同義とされる。

また釈迦は先行するインド思想から「業」と「因果」、および三世にわたる「輪廻」の思想を継承した。そこで仏教の根本的特徴は「縁起」「因果」「業」「輪廻」に要約することができる。従ってそれらの一つでも欠けたものは仏教ということはできない。

仏教経典はその最古のものでも釈迦の滅後しばらくしてからまとめられたもので、釈迦が実際に語った「直説」ではない。しかし、アショーカ王（阿育王。在位前二六八年～前二三二年）以前に成立した最古の仏典と考えられている「スッタニパータ」などから釈迦の実際の教えをある程度うかがうことができる。そこでは四諦などの理論的教理は述べられておらず、素朴な形で人として生きるべき道が説かれている。当時はそのような素朴な教えで人々を救うことができたからである。しかし、時代が下り、人々の機根が劣化するほどより強い救済力を持った教法が必要になってくる。この点について日蓮は「報恩抄」で「内証は同じけれども、法の流布は、迦葉・阿難よりも馬鳴《めみょう》・竜樹等はすぐれ、馬鳴等よりも天台はすぐれ、天台よりも伝教は超えさせ給いたり。世末《すえ》になれば、人の智はあさく仏教は深くなることなり。例せば、軽病には凡薬、重病には仙薬、弱き人には強きかとう《方人》ど有って扶《たす》くる、これなり」（二六〇頁）と述べている。

素朴なものであったが、人間の絶対的平等を説いた釈迦の教えは権威的・差別的なバラモン教や道徳否定の傾向を持つ六師外道の思想に飽き足らなかった人々の心を捉え、あらゆる階級の人々が出家あるいは在家者として釈迦の門下になって初期の教団を形成した。教団に加わった信徒には男女を問わず、国王や商人、農民を初めあらゆる職業の人々がいた。遊女や盗賊・奴隷・賤民だけでなく、かつてバラモン教を信奉していたバラモンや富豪もいた。少年・少女や高齢者も教団の参加者になっていたと伝えられる。職業や性別・年齢などの差別は仏教教団の中では一切認められなかった。戒律については尼僧には男性よりも厳しい条件が課されていたが、修行の内容においても修行によって得られる悟りにおいても男女の区別はなかった。釈迦の説いた法は万人において普遍的なものであり、万人が自らの力によって法の体現者となりうるとするものであるから、悟りの内容において僧俗の差別も存在しなかった。このような仏教の平等思想はバラモン教などの既成勢力からの反発と迫害を受けたが、釈迦在世中の教団は拡大を続けた。

釈迦の入滅後、教団は十大弟子の一人である摩訶迦葉《まかかしょう》が中心になって運営された。迦葉は仏の教えが消滅することを恐れ、釈迦の入滅後まもなく仏弟子を集めて釈迦の教えをまとめる作業に着手した（第一回仏典結集。当時は文字ではなく口誦《こうしょう》の形でまとめられた）。これが後の経蔵・律蔵の原型になった。しかし教団が発展し社会的な勢力として定着すると、罪を犯した者や病人、少年少女が教団に入ることを拒否するなど、教団の維持を優先する傾向が生ずるようになった。またインド社会の差別思想に影響されて女性を下位に置き、男性の出家僧を在家者よりも上位に置く男女差別と出家優先主義が強まった。さらには釈迦を特別視して神格化することも始まった。

仏教は当初、インドの一部で行われていた宗教に過ぎなかったが、釈迦滅後百年（または二百年）に現れたと伝えられるアショーカ王（阿育王）が仏教に帰依すると、仏教はインド全体に広まっていった。アショーカ王までの仏教は「原始仏教」と呼ばれる。

アショーカ王以後、仏教教団は多くの部派に分裂していった。主な部派は全インドで二十ほどになる。この頃の仏教は部派による仏教だったので「部派仏教」と呼ばれる（後の大乗仏教からは批判の意味で「小乗仏教」と呼ばれた）。部派仏教は出家者を在家者の上位に置く出家主義を特徴とする。またこの世にいる仏は釈迦のみであるとし、成仏を目指して修行する「菩薩」も「釈迦菩薩」しか認めなかった。一般の人間には仏に成る性質はないとされ、人間が到達できるのは声聞の最高位である阿羅漢《あらかん》の境地までであるとした。その阿羅漢の境地に達するにも煩悩を断じていくことが必要であり、常人には到底到達しがたいものとされた。

部派教団は王や富裕な商人から莫大な寄進を受け、経済的に繁栄した。その結果、生活のために出家する者や僧侶でありながら金貸しを営む者などが続出し、教団の腐敗が始まっていった。一方で僧侶は特権に守られて僧院に閉じこもり、釈迦の教えを整理し体系化しようとして煩瑣な学問研究にふけった。そこで部派仏教の教義は「アビダルマ」と呼ばれる（「アビダルマ」とは「ダルマ（法）」に対する研究の意味）。アビダルマ論書を集めたものを「論蔵」といい、原始仏教時代にまとめられた「経蔵」「律蔵」と合わせて「三蔵」と呼ぶ。

部派仏教の僧侶は自分が悟るための修行と学問論議に没頭して他者の救済などには目も向けない、極めて自己中心的な態度に終始した。そのような部派仏教に対し、仏教本来の在り方から逸脱したものであるとの批判が生ずるのは自然の勢いであった。そこで部派仏教を釈迦の精神を見失った「小乗」であると批判する仏教改革運動が紀元前後に生じ、そこから生まれたのが大乗仏教である。大乗仏教の特徴として次の諸点が挙げられる。

（ⅰ）僧俗平等

大乗仏教は僧俗を差別せず、僧俗平等の立場をとった。

（ⅱ）成仏を目指す仏教

成仏が万人の目指すべき目標であるとし、誰もが菩薩になりうるとした。

（ⅲ）利他行の強調

菩薩の特質は利他行にある。この点で自己の修行の完成だけを考えて他者を顧みようとしなかった部派仏教（小乗仏教）の修行者（声聞）と明確に異なった。それ故に小乗仏教は声聞乗の仏教、大乗仏教は菩薩乗の仏教と称される。

（ⅳ）現在多仏の思想

大乗仏教は釈迦仏だけでなく多数の仏が同時に存在するとした。この点で仏は釈迦仏のみとする小乗仏教と異なる。

（ⅴ）煩悩の容認

小乗仏教は煩悩を断ずることを悟りの要件としたが、大乗仏教は煩悩を悟りと成長のための契機とした。この点は標語的には「煩悩即菩提」と表現される。

（ⅵ）芸術と時代精神の尊重

小乗仏教の戒律は音楽・舞踊・演劇の鑑賞を禁止していたが、大乗仏教はそれらを仏塔や経巻に対する供養とした。この点は大乗仏教の在家性の表れでもある。また小乗仏教が自身の教義に閉じこもって同時代の精神文化を顧慮しなかったのに対し、大乗仏教は同時代の精神文化を積極的に吸収し、それに対応しようとした。

（vii）社会変革への志向

大乗仏教は自身の内面に閉じこもる態度を退け、仏教の慈悲の精神を各人の生活や社会の上に実現しようとした。この点も出家主義に傾斜して僧院に暮らし、民衆の生活や社会を顧みようとしなかった小乗仏教と対照的である。

大乗仏教運動を起こしたグループは、それぞれの思想を表明するために並行的に大乗経典を作成した。紀元前後のもっとも早い時期に成立したと考えられているのは般若経系の経典、ないしはそれに影響されて成立した維摩経《ゆいまきょう》などである。それら最初期の大乗経典は部派仏教を厳しく批判するあまり、部派仏教を担ってきた出家者（声聞・縁覚）を成仏できない存在として排斥する態度をとった（二乗不作仏）。しかし、そのような態度は声聞・縁覚の二乗に対する「逆差別」となり、一切衆生を平等に救済しようとする仏教本来の精神と矛盾するものとなった。そこで、従来の部派仏教と大乗仏教の誤りを正し、万人平等の成仏という仏教本来の思想を復活させる目的で作成されたのが法華経である。

法華経が作られた地域はガンダーラやカシミールなどの西北インド地方、作られた時期は一ないしは二世紀頃と考えられている（かつての学説では法華経は二、三百年間にわたって編纂されたとの説が有力だったが、近年では勝呂信静《すぐろしんじょう》著『法華経の成立と思想』などが示すように、提婆達多品を除く二十七品全体がほぼ同時期に〈数十年の間に〉作成されたとする説が有力になっている）。仏典は当初、口誦《こうしょう》によって伝えられたが、紀元前後から文字が用いられるようになったので、法華経は初めから文字によって編纂されたと考えられる。

法華経は、釈迦と同様に根源の法（＝妙法）を自ら覚知したと確信した制作者グループが「この教えこそが釈迦の真意である」との信念のもと、釈迦仏を主人公（教主）にして創作した経典である。

②法華経作成の目的

天台大師以来、法華経の前半を迹門、後半を本門とするのが通例だが、法華経はまず前半の迹門においてこれまで成仏できないとされてきた声聞・縁覚に次々と未来成仏の授記を与えていった。さらには仏教教団の破壊を企てた悪人である提婆達多《だいばだった》にも成仏の授記を与え、また人間界の衆生ではない竜王の娘である竜女の即身成仏を説いて悪人・女人の成仏を明かした。こうして法華経は一人の例外もなく万人が等しく成仏していけることを確定した。万人を妙法の体現者たらしめようとする釈迦の理想は、経典の歴史においては法華経の成立によって初めて確立されたのである。

法華経は万人成仏の法理を理論的に明らかにしただけではなく、後半の本門においては実際に成仏していくための方途を開いた。まず従来の経典では仏国土は人間の住する現実世界（娑婆世界）とは別の国土であると説かれる傾向があったのに対し、法華経は寿量品で釈迦仏が娑婆世界で教化する仏であると説いて、仏国土は現実世界以外にないことを強調した。どれほど苦悩の多い世界であっても、その現実の上に幸福を確立していくことが仏教の精神であることを明確にし、現実世界から逃避して他の国土を憧れる空想的な態度を退けたのである。

その上で法華経は釈迦仏が何時、どのようにして成仏したかということを明かし、釈迦仏に倣《なら》って万人が成仏していける道を示した。すなわち寿量品で、釈迦仏が成道したのは今世ではなく五百塵点劫という長遠の過去であるとし（「我成仏已来甚大久遠」）、それ以前に菩薩道を行じたことを因として成仏したと説いた（「我本行菩薩道」）。歴史的には釈迦が三十あるいは三十五歳頃に悟りを開いたのは出家以後に積み重ねてきた瞑想などの修行の結果だが、寿量品はその仏因・仏果は表面的なものに過ぎず、真実の成仏の因は過去世における菩薩道の実践であったとする。先に述べたように、菩薩道を行ずるというからには行ずる法がある道理であり、釈迦仏はその法を師として成仏した仏であることが明かされた。法華経は釈迦仏を仏にさせた法（それは釈迦仏だけではなく万人を成仏させる根源の法である）が存在することを「我本行菩薩道」の文の文底に暗々裏に指し示したのである。法華経が他のあらゆる経典を超える経典であ

る所以は、まさに法華経が根源の法の存在を暗示した点にある。法華経が説かれた当時の人々

はこの寿量品の説示を通して妙法の存在を知り、それを覚知していくことができた。その意味で法華経は当時の衆生に対して優れた救済力を持つ経典であったと考えられる。その意味

法華経編纂の目的は、一つは当時の人々に等しく成仏の道を開くことにあったが、それ以上に大きな目的は未来の人類の幸福に寄与するところにあった。法華経は、法師品以降は「仏滅後の弘通」が主なテーマになっている。法師品には次のような文がある。

「私の滅後の悪世に、よくこの経を受持する人がいたならば、まさに合掌し、礼拝して尊敬し、世尊を供養するようにすべきである」(法華経三六〇頁、現代語訳)

「この経は如来が現におられる時ですらなお怨嫉《おんしつ》が多い。いわんや如来の滅後において怨嫉の多いことは如来がおられた時以上である」(同三六二頁、現代語訳)

「もし善男子・善女人が、如来の滅後に四衆のためにこの法華経を説こうと思ったならば、どのようにして説くべきであろうか。この善男子・善女人は、如来の部屋に入り、如来の衣を着て、如来の座席に座って、四衆のためにこの経を説くべきである」(同三六六頁、現代語訳)

また法華経は「如来の滅後に末法の中に於いて」（安楽行品、同四三一頁）、「悪世末法の時能く是の経を持《たも》たば」（分別功徳品、同五一三頁）と説いて、釈迦仏法の救済力が失われる「末法」の到来を予測している。そこで法華経は仏滅後の仏法弘通を担う存在として、釈迦仏が久遠の昔から教化してきたとする六万恒河沙の地涌の菩薩を大地の下から呼び出した（従地涌出品）。その上でひたすら礼拝行を行う不軽菩薩を登場させ、迫害を受けながらもその逆縁を通して仏法を弘通していく仏滅後の実践の在り方を示した（常不軽菩薩品）。

不軽品の次の神力品で、釈迦仏が地涌の菩薩、なかんずくその上首である上行菩薩に仏滅後の仏法弘通の役割を付嘱したと説かれる。仏滅後といってもその元意は釈迦仏法が救済力を喪失する末法にあると考えられる。釈迦仏法に力がある限りはその教主である釈迦仏に代わる弘通者が登場する必要もないからである。そこで、上行菩薩が弘通する法は末法に力を失った文上の法華経ではない。

この点について神力品では「要を以てこれを言わば、如来の一切の所有の法、如来の一切の自在の神力、如来の一切の秘要の蔵、如来の一切の甚深の事は、みな此の経に於いて宣示顕説す」（法華経五七二頁）と説かれる。天台大師はこの文について「結要付嘱《けっちょう》」とし、『法華文句』で「総じて一経を結するに唯《ただ》四のみ。その枢柄《すうへい》を撮《と》って而してこれを授与す」（大正蔵三四巻一四二頁）と述べている。釈迦仏が上行菩薩に付嘱した法体は文上の法華経ではなく、法華経の枢柄、すなわち文上に表れていない奥底に秘められた根源の法（＝妙法）であることを天台は示唆している。神力品の偈では「諸仏の道場に坐して得たまえる所の秘要の法をば　能く是の経を持たん者は久しからずしてまた当に得べし」（法華経五七五頁）とも説かれる。法華経（是の経）を受持することによって奥底の「秘要の法」を得るのである。つまり神力品は、寿量品が「我本行菩薩道」の文の文底に根源の法を指し示したのと同様、法華経において経文の表面的な次元（文上）と奥底の次元（文底）の二重構造が存在していることを表明していると解せられる。

経文の表面的な次元と奥底の次元の二重構造は地涌の菩薩についても見られる。従地涌出品において「我、久遠よりこのかた、これらの衆を教化せり」（法華経四六七頁）と、地涌の菩薩は釈迦仏が久遠の昔から化導してきた弟子であると説かれている。しかし、地涌の菩薩は仏の徳相である三十二相を具え、あまりにも偉大な姿なので、釈迦仏が地涌の菩薩について自分が教化してきた弟子であると説いても、それは二十五歳の青年が百歳の老人を指して我が子であるというようなもので世の人々が到底信じがたいことであるとしている。一般に菩薩といえば成仏を目指して修行している存在であり、しかも地涌の菩薩が釈迦から教化されてきた弟子であると説かれるのに、他方で釈迦が二十五歳の青年で地涌の菩薩が百歳の老人と見られるとは何を意味しているのか。ここに経典の表面上に現れていない奥底の元意がある。

天台大師が『法華文句』で地涌の菩薩について「皆これ古仏なり」（大正蔵三四巻一二五頁）と述べているように、地涌の菩薩は経典の文上では釈迦仏から教化されてきた菩薩として登場しているが、その実体は釈迦仏をも超える久遠の仏であるということがその元意である。地涌の菩薩が菩薩でありながら仏の徳相である三十二相を具えると説かれるのもその表れといえよう。地涌の菩薩は娑婆世界の「下方」に住していたと説かれることについて天台大師は『法華文句』で「下方とは法性の淵底、玄宗の極地なり」（同頁）と釈しているが、「法性の淵底」「玄宗の極地」とは生命の根源である第九識に当たると解せられるので、地涌の菩薩が根源の妙法を所持する仏の境涯にあることを示している。

同様の意味の二重構造は不軽菩薩についても指摘できる。不軽菩薩は経典の文上では釈迦仏の成道前の修行時代の名前とされているが、実質は日蓮が「釈尊、我が因位の所行を引き載せて、末法の始めを勧励したもう」（一八一〇頁）と指摘した通り、末法における弘通者を意味している。しかも法華経譬喩品で「無智の人の中にしてこの経を説くことなかれ」（法華経二〇四頁）とあるように、釈迦仏は教えを受け入れる順縁の衆生を化導したのに対し、不軽菩薩は杖木瓦《じょうもくが》石《しゃく》などの迫害を受けながらその逆縁によって仏法を弘通するという釈迦仏とは対照的な存在になっている。天台大師はこの両者の対照性に着目して『法華文句』で「本已《すで》に善有るは、釈迦、小をもってこれを将護《しょうご》し、本いまだ善有らざるは、不軽、大をもってこれを強毒《ごうどく》す」（大正蔵三四巻一四一頁）と述べている。

天台によれば、釈迦仏の化導は本から善根をもっている（本已有善《ほんいうぜん》）機根の高い衆生を救うために、各人の善根を擁護しながら小法を説くものであるのに対し、不軽の化導は何ら善根を持たない（本未有善《ほんみうぜん》）劣機の衆生を救済するために、人々の反発にかかわらず大法を説いていくものである。ここで天台大師は、不軽が説く法が釈迦仏の説く法よりも偉大な教法であるとしている。釈迦仏法の限界が露《あらわ》になった時代（末法）にこそ、不軽菩薩（＝地涌の菩薩）が釈迦仏法の限界を超えた大法を弘通するというのである。不軽菩薩も地涌の菩薩に包摂されるから、天台大師は小法を説く釈迦仏から大法を弘める地涌の菩薩への教主の交代、時代の転換を説いていると解せられる。

この点について日蓮は「曽谷入道殿許御書」で「仏の滅後において三時有り。正像二千余年には、なお下種の者有り。例せば、在世四十余年のごとし。機根を知らずんば、左右《そう》なく実経を与うべからず。今は既に末法に入って、在世の結縁の者は漸々に衰微して、権実の二機皆ことごとく尽きぬ。彼の不軽菩薩、末世に出現して毒鼓《どっく》を撃たしむるの時なり」（一三九三頁）と述べている。正法・像法時代は過去に下種を受けた（本已有善）の機根の衆生であったが、末法には下種を受けていない（本未有善）の衆生なので、不軽菩薩が出現して逆縁による化導をしなければならない時代であるとするのである。

教主の交代という視点は神力品の結要付嘱の意義を考える上でも重要な鍵となる。神力品の経典上では久遠実成の釈迦仏が滅後の仏法弘通の使命を自身が教化してきた弟子である地涌の菩薩なかんずく上行菩薩に委託（付嘱）したことになっているが、先に見たように地涌の菩薩の本地は単なる釈迦仏の弟子ではなく久遠の仏であるから、釈迦仏から上行への付嘱は仏から弟子の菩薩に対する権限の付与、役割の委託ではなく、その実体は釈迦仏から上行菩薩という教主の交代を意味している。しかも釈迦仏は根源の妙法によって成仏させてもらった本果の仏だが、上行は成仏の本因となる根源の妙法を所持してそれをそのまま弘通する本因の仏である。

この点について池田大作は『法華経の智慧』で次のように述べている。「神力品の『付嘱』の儀式は、端的に言うならば、『本果妙の教主』から『本因妙の教主』へのバトンタッチです。それは、燦然たる三十二相の『仏果』という理想像を中心とした仏法から、凡夫の『仏因』を中心とした仏法への大転換を意味する」(『法華経の智慧』第五巻一九〇頁)。教主が交代するのであるから末法は釈迦仏が出る幕ではなく、釈迦仏は過去の仏となる。末法では妙法を弘通する上行菩薩が教主として出現するので、その時代には上行の化導に従うべきであるとの未来へのメッセージを示したのが神力品の趣旨である。

法華経は寿量品の文底において釈迦仏だけでなく万人成仏の本因となる根源の妙法の存在を示し、不軽品で末法における実践の在り方を説いた。その上で、神力品で妙法を弘通する上行菩薩が末法に出現することを予言した。法華経それ自体は末法には救済力を喪失しているが、末法に妙法を弘通する教主の出現を予言することによって、その仏の化導を助けることを目的として作成されたと解することができる。法華経は誰のために説かれたのかという問題について日蓮は「法華取要抄」で「寿量品の一品二半は、始めより終わりに至るまで、正しく滅後の衆生のためなり。滅後の中には、末法今時の日蓮等がためなり」(一五四頁)、「疑って云わく、多宝の証明、十方の助舌《じょぜつ》、地涌の涌出《ゆじゅつ》、これらは誰人のためぞや。（中略）経文に『いわんや滅度して後をや』『法をして久しく住せしむ』等云々。これらの経文をもってこれを案ずるに、ひとえに我らがためなり」（一五五頁）と述べている。法華経そのものは末法の衆生を救うことはできないが、末法の教主の化導を助ける補助役の役割を果たす意義を持つのである。

この点について池田大作は旧版の創価学会版法華経の序文で「二十八品は、三大秘法の仏法の序分として流通分として用いるのである」と述べている。この池田の言明は「観心本尊抄」に示された五重三段の第五「文底下種三段」（一三八頁）に基づいている。すなわち日蓮仏法においては南無妙法蓮華経（内証の寿量品）が正宗分となり、文上の法華経を含む十方三世諸仏の微塵の経々はその序分および流通分になると教示されている。末法において弘通される法体はあくまでも三大秘法の南無妙法蓮華経であり、文上の法華経は三大秘法を弘通するための手段として用いられる存在であるということが重要である。その意味では『教学要綱』が「日蓮大聖人は、インドで成立した大乗仏教の代表的な経典の一つである『法華経』を根本の経典と定めて、万人の救済する新しい修行法を確立された」（同書一九頁）としているのはむしろ誤りである。日蓮において法華経は自身が依拠する根本の経典ではない。日蓮は法華経によって妙法を覚知したのではなく、自解仏乗《じげぶつじょう》であり（「寂日房御書」一二六九頁）、日蓮にとって法華経は妙法を弘通するために用いるものに過ぎないからである。その視点に立って初めて日蓮が法華経と釈迦仏を宣揚した意味を理解することができる。

しかし、日興門流以外の身延派などの他門流は日蓮が上行菩薩に当たるという認識は持つものの、釈迦仏が成道した本因の法を明らかにせず、上行を釈迦仏から仏滅後の弘通を託された仏使であるとして、法華経文上の表面的な理解にとどまっている。例えば身延派では天台の『法華玄義』に従って釈迦仏成道の本因を五百塵点劫以前に菩薩道を行ったこととするが、菩薩道を行じた法が何かを明らかにしていない。釈迦仏を成道させた能生の法が根源の妙法（南無妙法蓮華経）であることを理解できないのである。ひるがえって『教学要綱』では釈迦仏の本果（久遠実成）には触れているが、それをもたらした本因には全く触れていない。また上行菩薩についても、釈迦仏から化導され、末法弘通の役割を託された「使い」「代理者」とするのみで、上行が本因の仏であるという認識を持っていない。それは『教学要綱』が法華経文上の教相に囚われて文底の元意を理解しようとせず、身延派などと同列の次元にあることを示している。

（4）日蓮が釈迦仏と法華経を宣揚した意味

日蓮は門下に対して釈迦仏を「教主釈尊」と宣揚し、法華経が最勝の経典であることを強調し続けた。当時は天台宗や南都六宗などの旧仏教が一様に密教化する一方、法然に始まる専修念仏が急速に拡大するなど、浄土教が広く社会全体に浸透する状況があった。その状況下で日蓮が自身の宗教を弘通するためには大日如来や阿弥陀如来を信仰し密教経典や浄土三部経に傾斜している人々の心を釈迦仏や法華経に引き戻さなければならなかった。日蓮が三大秘法を弘通する前提として、法華経以外の諸経を基盤とする念仏や真言等の諸宗を厳しく破折する実践が不可欠であったのである。そのことは日蓮が三十二歳で立宗宣言し南無妙法蓮華経の弘通を開始したその時にも念仏と禅宗に対する破折を行っているところにうかがうことができる。日蓮による釈迦仏と法華経の宣揚はそのような状況下で人々を三大秘法へと教導していくための方便（手段）であったと考えられる。

例えば駿河国《するがのくに》富士郡上野郷の地頭である南条兵衛七郎《なんじょうひょうえしちろう》は文永元（一二六四）年頃に日蓮の門下になったが、兵衛七郎は長年の念仏信者だったので、日蓮は「釈迦如来は我ら衆生には親なり師なり主なり。我ら衆生のためには、阿弥陀仏・薬師仏等は主にてはましませども、親と師とにはましまさず。ひとり三徳をかねて恩ふかき仏は釈迦一仏にかぎりたてまつる」（「南条兵衛七郎殿御書」一八二五頁）と教示した。その教示は兵衛七郎の阿弥陀仏への執着を断ち切るための教導であった。

あるいは「法華取要抄」には「教主釈尊は既に五百塵点劫より已来、妙覚果満の仏なり。大日如来・阿弥陀如来・薬師如来等の尽《じん》十方の諸仏は我らが本師・教主釈尊の所従等なり。天月の万水に浮かぶとはこれなり」（二五一頁）とある。類似の教示は多くの御書に広く見られるが、その文意に明らかなように、釈迦仏を教主釈尊として宣揚することは大日や阿弥陀等の諸仏を退けるための化導であった。

釈迦仏を宣揚した日蓮は、門下の富木常忍と四条金吾夫妻が釈迦仏像の造立を報告した時もその行為を承認し称賛したが、それはあくまでも釈迦仏像に囚われていた当時の門下の機根を配慮した振る舞いであり、日蓮の方から門下に対して釈迦仏像の造立を積極的に勧めた例は皆無である。日蓮が釈迦仏を本尊としたことは一切ない（日蓮は伊豆流罪の際に地頭から贈られた釈迦の一体仏を自身の随身仏としたが、それも自身の滅後には墓所の傍らに置くよう遺言しており、釈迦仏像を本尊として扱っていない）。日蓮が門下に礼拝の対象として授与した本尊は中央に「南無妙法蓮華経　日蓮（花押）」と記した文字曼荼羅以外になかった。そのような具体的な振る舞いに日蓮の本意をうかがうことができる。

日蓮は五時八教の教判によって法華経を最勝の経典とした天台大師の判断を妥当とし、法華経が仏の悟りをもっとも正確に表している最高第一の経典であるとした。例えば「開目抄」には「仏教に入って五十余年の経々、八万法蔵を勘《かんが》えたるに、小乗あり大乗あり、権経あり実経あり。顕教・密教、軟語《なんご》・麤語《そご》、実語・妄語、正見・邪見等の種々の差別あり。ただ法華経ばかり教主釈尊の正言なり、三世十方の諸仏の真言なり」（五四頁）と説かれている。このような教示は、日蓮在世の当時、真言密教や浄土教、禅宗などの諸宗がそれぞれ所依の経典を押し立てているのを破折する趣旨であることは言うまでもない。日蓮と諸宗との理論的な争点は法華経と他経との勝劣にあったからである。そこで日蓮は、法華経の文底に示されている南無妙法蓮華経を弘通する前提として、他経に対する法華経の卓越性を強調した。いわば人々を南無妙法蓮華経に導く手段として法華経二十八品を用いたのである。

もちろん日蓮は自身が「法華経の行者」であることを強調している。「法華経の行者」というと、ともすれば法華経が根本で、日蓮は法華経に説かれたことを行じた従属的な存在であると受け止めがちだが（これが身延派など五老僧の流れをくむ宗派の理解である）、しかしこの言葉も法華経を妙法弘通の手段として用いるという意味から理解しなければならない。日蓮は法華経が予言した通りの激しい法難を身をもって受け、法華経の文を「身読」したが、その身読は自身の教えの正当性を法華経によって証明し、人々が日蓮の教説を受け入れやすくするための実践であった。日蓮が法華経に説かれた通りに多くの法難を受けたことは誰人も認めざるを得ない客観的事実であるから、その事実に接した人々に「日蓮という人はただ者ではない。少なくともその主張には真剣に耳を傾けなければならないものがある」という心が生じてくる。いわば日蓮は法華経の身読という客観的事実を通して人々が南無妙法蓮華経を受け入れる機根を整えたのである。要するに日蓮は文上の法華経に規定された存在ではない。法華経すらも明示できなかった根源の妙法を歴史的に初めて弘めた教主であることを了解することが日蓮仏法の要諦となるのである。

このように日蓮は当時の人々を化導する手段として釈迦仏と法華経を宣揚したが、一方ではその限界を明確に指摘している。先に述べたように「妙密上人御消息」では「今、末法に入りぬ。人ごとに重病有り。阿弥陀・大日・釈迦等の軽薬《きょうやく》にては治《じ》し難し」（一七〇八頁）と、釈迦仏は末法の衆生を救済できない仏であると断じている。

法華経についても日蓮は「上野殿御返事」で「今、末法に入りぬれば、余経も法華経もせんなし、ただ南無妙法蓮華経なるべし」（一八七四頁）と法華経が末法の衆生救済に無力であることを明示している。

日蓮の内奥の真意は文字曼荼羅本尊の相貌に明確に示されている。門下に宛てた個々の御書においてはそれぞれの門下の機根に配慮することが必要であったが、本尊は教義の根幹であるから個々の衆生の機根を超越した日蓮の真意が表されているからである。文字曼荼羅本尊の中央に記されているのは「南無妙法蓮華経　日蓮（花押）」であり、釈迦牟尼仏と多宝如来はその左右に脇士《きょうじ》の位置に記されている。日蓮が佐渡に向かう前日に記した最初の文字曼荼羅である楊枝《ようじ》本尊を初め、釈迦仏と多宝如来が記されていない日蓮真筆本尊も複数存在する。この事実が示すように釈迦仏は曼荼羅本尊においては省略されることもある二義的な存在である。それに対して「南無妙法蓮華経　日蓮（花押）」が略された文字曼荼羅は存在しない。

「日女御前御返事」に「これらの仏菩薩・大聖等、総じて序品列坐の二界八番の雑衆等、一人ももれずこの御本尊の中に住し給い、妙法五字の光明にてらされて本有《ほんぬ》の尊形《そんぎょう》となる。これを本尊とは申すなり」（二〇八七頁）とあるように、「南無妙法蓮華経　日蓮（花押）」が十界の衆生を本有の尊形ならしめる主体的中心である。すなわち「南無妙法蓮華経　日蓮（花押）」こそが日蓮の本尊の本質的要素であることが分かる。特に曼荼羅本尊の完成期である弘安期の本尊において「南無妙法蓮華経　日蓮（花押）」が一体的に記されている相貌は日蓮が南無妙法蓮華経と一体不二の根源仏である（人法一箇）ことを示している。ちなみに『教学要綱』は日蓮仏法の根本である曼荼羅本尊の中心が「南無妙法蓮華経　日蓮（花押）」であるという相貌の意味について全く論及していない。日蓮を釈迦仏の「使い」と位置づける『教学要綱』の立場では釈迦仏を脇士とする曼荼羅本尊の相貌の意味を説明できないからである。

また日蓮は自身について「下山御消息」で「教主釈尊より大事なる行者」（二九九頁）としている。なぜ日蓮が「教主釈尊より大事」となるのか。それは日蓮が釈迦仏も示せなかった万人成仏の根源の法（＝南無妙法蓮華経）を弘通した教主であるからに他ならない。日蓮が釈迦仏の単なる「使い」や「代理者」であるならば「教主釈尊より大事」となる道理はない。ここに日蓮の内奥の本意が明らかに示されているといえよう。

（5）日蓮による下種仏法の確立

法華経を奉ずる教団は、インドでは既成の小乗・大乗教団から迫害された弱小勢力だったが、法華経は中央アジアを経て中国に伝わると、代表的な大乗経典として高く評価されるようになっていった（最初の中国語訳の成立は二八六年）。その契機となったのが四〇六年に鳩摩羅什《くまらじゅう》が訳した『妙法蓮華経』の成立である。羅什は法華経の文意を正確に分かりやすく訳出したので、中国人は『妙法蓮華経』によって初めて法華経の内容を知ることとなった。

紀元前後に中国に仏教が伝来してから、諸経典の勝劣や相互の関係性を判断するため、各種の教相判釈（教判）が行われたが、六世紀に出現した天台大師智顗《ちぎ》（五三八〜五九七）がいわゆる「五時八教」の教判を説いて従来の教判を打ち破り、一切経の中で法華経が最勝第一の経であることを明確にした。天台は法華経の内容から一念三千の法理（一瞬の生命〈＝一念〉に十界・十界互具・十如是・三世間を乗じた三千世間が具わることを示した法理）を抽出し、それを修行の指針とした。天台の示した修行は自身の生命を観想していく瞑想行であり、天台は一念三千の法理を瞑想行の指針としたのである。しかし、その修行は成仏の根源の法を明示しないものであったので極めて困難であり、高度な能力を持つごく僅かな出家僧でなければ成就できないものであった。職業を持つ在家者には到底実践できないものであり、実践面で言えば天台仏法は当初から破綻していたとも評せられる。

しかも中国仏教全体が唐の滅亡（九〇七年）以後、衰退期に入り、北宋時代（九六〇年〜一一二七年）になると度牒《どちょう》（僧侶であることの証明書）や皇帝から賜る紫衣や師号も売買の対象となるなど仏教教団の腐敗が進行していった。民衆に広まったのは仏教の実態がない浄土教や禅宗であり、天台仏法はそれらに押されて衰退した。一一二七年に北宋が女真族《じょしん》（ツングース系民族）によって滅亡した以降は、中国では仏教の内実はほとんど失われた状態になっていた。このことについて日蓮は「顕仏未来記」で「漢土において高宗《こうそう》皇帝の時、北狄《ほくてき》（女真族を指す——引用者）、東京《とうけい》（北宋の首都・開封《かいほう》のこと——引用者）を領して今に一百五十余年、仏法・王法共に尽き了わんぬ」（六一〇頁）と述べている。

天台宗を日本にもたらした伝教大師最澄《さいちょう》（七六七〜八二二）の場合も天台仏法の修行面の限界があった上に、伝教が天台宗とともに密教を持ち込んだため、伝教の没後まもなく弟子の慈《じ》覚《かく》（七九四〜八六四）らが密教に急速に傾斜し、日本天台宗全体が密教化していった。天台教学の研鑽よりも密教呪術の加持祈禱が優先される状況となった。また平安末期の保元・平治の乱以来、戦乱が絶えない時代となって、天台宗の総本山延暦寺《えんりゃくじ》も多数の僧兵を蓄え、それ自体が大きな軍事勢力と化していた。まさに大集経の言う「白法隠没《びゃくほうおんもつ》・闘諍言訟《とうじょうごんしょう》」の事態となっていたのである。

釈迦仏の教法が衆生救済の力を喪失するという「末法思想」は、法華経を含む多くの経典に説かれる仏教共通の観念である。日本では伝教大師の著作とされてきた「末法燈明記」をはじめ、一〇五二年（永承七年）を末法の初年とするのが一般的であった。

日蓮は日本を含む世界的な仏教の現況を直視して自身の時代を釈迦仏法が有効性を喪失した「末法」に当たると判断し、それまでの仏教を乗り越えた新たな仏教を創始することを決意した。

日蓮が根源の法を覚知したのは故郷の清澄寺で出家得度してまもない十六歳頃であったと考えられる。その時の宗教体験について日蓮は「善無畏三蔵抄」に「日蓮は安房国《あわのくに》東条郷清澄山の住人なり。幼少の時より虚空蔵《こくうぞう》菩薩に願を立てて云わく『日本第一の智者となし給え』と云々。虚空蔵菩薩、眼前に高僧とならせ給いて、明星のごとくなる智慧の宝珠を授けさせ給いき。そのしるしにや、日本国の八宗ならびに禅宗・念仏宗等の大綱、ほぼ伺《うかが》い侍《はべ》りぬ」（一一九二頁）と述べている。また「清澄寺大衆中」では「生身《しょうしん》の虚空蔵菩薩より大智慧を給わりしことありき。『日本第一の智者となし給え』と申せしことを不便《ふびん》とや思《おぼ》しめしけん、明星のごとくなる大宝珠を給わって右の袖にうけとり候いし故に、一切経を見候いしかば、八宗ならびに一切経の勝劣、ほぼこれを知りぬ」（一二〇六頁）とある。

　八宗と一切経の勝劣を知るとは、その判断の基準となる根底の真理を把握したことを意味している。つまり、日蓮はこの時、宇宙根源の法すなわち妙法そのものを覚知したと考えられる。この点について戸田城聖は「われらが御本仏日蓮大聖人は、御年十六歳にして人類救済の大願に目覚められ、かつまた宇宙の哲理をお悟りあそばされて」（『戸田城聖全集』第三巻二九二頁）として、日蓮は十六歳の時に「宇宙の哲理」を悟ったとの認識を述べている。創価学会としても、日蓮は十六歳の時に妙法を覚知したとの立場に立ってきた（創価学会教学部編『教学の基礎』二〇〇二年、同『教学入門』二〇一五年）。しかし、今回の『教学要綱』はこの十六歳の時の悟りに一切触れず、完全に無視している。日蓮を末法の本仏とするのであれば、日蓮が何時の時点で妙法を覚知したかということは重要な問題であり、『教学要綱』がそれを曖昧にしているのは適切ではない（『教学要綱』は「大聖人御自身が、竜の口の法難を契機に、釈尊から『南無妙法蓮華経』を付嘱された上行菩薩の使命に立ち、自らその『南無妙法蓮華経』を覚知したという究極的な自覚に到達された」〈同書七六頁〉として、竜の口の法難の時に南無妙法蓮華経を覚知したと述べているようだが、それでは日蓮は立宗宣言以後、竜の口の法難まで、自分が覚知してもいない南無妙法蓮華経を弘めたことになってしまう）。十六歳の時の悟りを無視するのであれば、その理由を明確に示さなければならない。その説明を一切しないという態度は説明責任の放棄であり、無責任・不誠実との非難を免れないであろう。

妙法を悟った日蓮は、その後、鎌倉・京都・奈良等の各地を遊学し、一切経を精読しつつ各宗の教義を検証していった。それは、自身が悟った妙法を弘通するための準備作業であったと考えられる。

遊学の過程で日蓮が確認したのは、①一切経の中で法華経が最勝の経典であること、②当時の諸宗が謗法《ほうぼう》（正法誹謗）の誤りを犯していること、③時代が既に「末法」に入っていること、④日蓮自身が末法の教主である上行菩薩に当たるということ、であったと考えられる（同様の趣旨は創価学会教学部編『教学の基礎』にも示されている）。十六年間に及ぶ準備作業を経て、日蓮は三十二歳の時に故郷の清澄寺《せいちょうじ》で南無妙法蓮華経の唱題行を人々に説き、妙法の弘通を開始した（立宗宣言）。

日蓮以前にも南無妙法蓮華経という言葉はあったが、日蓮が説く南無妙法蓮華経とは意義が異なる。従来のそれは、文字通り妙法蓮華経（法華経）という経典に南無（帰命）するという意味の言葉だった。しかし、日蓮においては「曽谷入道殿御返事」に「妙法蓮華経の五字をば当時の人々は名とばかり思えり。さにては候わず、体《たい》なり。体とは心にて候」（一四三八頁）とあるように、「妙法蓮華経」は経典の単なる名前ではなく、法華経が文底で暗示した根源の法体である。しかも日蓮以前の唱題行は他に弘めるものではなく、自分自身のみが行う自行だった。それに対して「三大秘法抄」に「末法に入って、今、日蓮が唱うるところの題目は、前代に異なり、自行・化他に亘《わた》って南無妙法蓮華経なり」（一三八七頁）とあるように、日蓮が説いた唱題行は自分だけでなく他者にも広く弘める行である。その唱題行は能力の有無を問わず、万人が等しく実践できるものであり、それ故に仏の悟りは日蓮による唱題行の創唱によって初めて万人に開かれたのである。

先に述べたように、法華経寿量品は釈迦仏を初めあらゆる仏を成仏せしめた本因である根源の法が存在することを「我本行菩薩道」の文底に暗示したが、その法の命名はなかった。それに対して日蓮は「当体義抄」に「至理は名無し、聖人理を観じて万物に名を付くる時、因果倶時《ぐじ》不思議の一法これ有り。これを名づけて妙法蓮華となす。この妙法蓮華の一法に、十界三千の諸法を具足して闕減《けつげん》無し。これを修行する者は、仏因仏果、同時にこれを得るなり」（六一八頁）とある通り、根源の法が妙法蓮華経と名づけられることを示し、その名を唱えることによって人々の生命の上に根源の法を現す方途を開いた。「妙法蓮華経の五字七字」（「諸法実相抄」一七九二頁）とあるように、根源の法体を示す言葉としては「妙法蓮華経」も「南無妙法蓮華経」も同義だが、行として唱える場合は南無妙法蓮華経でなければならない。このように日蓮による唱題行の創唱は、根源の妙法を南無妙法蓮華経として明示し、万人に成仏の道を開いた人類史上未曾有《みぞう》の出来事であった。それは釈迦も天台・伝教もなしえなかった空前の偉業と言ってよい。

日蓮が自行・化他にわたる唱題行の創唱という前人未踏の行動に踏み切った前提には、当然、妙法を覚知した自分自身が法華経に予言された上行菩薩に当たるとの自覚があったと見るべきであろう。自身にそれを行う資格があるという確信がなければ、天台・伝教すらもなしえなかった実践に踏み出せる道理はないからである。

立宗宣言の後、鎌倉に進出した日蓮は、松葉ケ谷《まつばがやつ》の草庵を拠点に弘教活動を展開し、正嘉《しょうか》の大地震を初めとする天変地夭に接したことを契機として、三十九歳の時、最高権力者である北条時頼《ほうじょうときより》に「立正安国論」を提出して国主諫暁を行った。法然の専修念仏を破折して権力者を諫めたその行動は厳しい弾圧を招き、松葉ケ谷の法難から伊豆流罪、さらには小松原の法難など、日蓮が命にも及ぶ多くの大難を受けたことは周知の通りである。その行動は、法華経が説く法難を受けることによって自身の弘教の正当性を証明する実践であった。

その日蓮の活動において最大の転機は五十歳の時の竜の口の法難と佐渡流罪であった。竜の口の法難は執行寸前に斬首刑を免れるという生涯最大の危機であったが、従来の学会教学においてはこの法難の際に日蓮は久遠元初自受用身という根源仏の境地を現し「発迹顕本《ほっしゃくけんぽん》」を遂げたと説明してきた（創価学会教学部編『教学の基礎』、同『教学入門』）。しかし、『教学要綱』では日蓮について発迹顕本の表現はせず、全体を通して「久遠元初」や「自受用身」の用語も一切用いていない。久遠元初は学会教学においていわばキーワードともいえる重要概念だが、なぜその用語を用いないのか、『教学要綱』はその理由を一切説明していない。この点にも説明責任を真摯に果たそうとしない不誠実さが指摘できよう。

発迹顕本を言う代わりに『教学要綱』では、日蓮は竜の口の法難の時に「上行菩薩としての役割を果たす立場」に立ったとする（同書四三頁）。先に指摘したように、この認識は身延派日蓮宗の主張と同列である。しかし、それでは竜の口の法難以前の日蓮は付嘱を受けた上行菩薩であるとの自覚を得ていないにもかかわらず南無妙法蓮華経を弘通したことになる。仏教の原則上、仏法弘通の付嘱もないのに仏法を弘めるということはありえない。この点は天台・妙楽・伝教などが南無妙法蓮華経を弘めなかったことについて「諸法実相抄」に「天台・妙楽・伝教等は、心には知り給えども、言《ことば》に出だし給うまではなし、胸の中にしてくらし給えり。それも道理なり。付嘱なきが故に」（一七八八頁）と述べられているところにも明らかである。その故に、『教学要綱』や身延派の認識は仏教の原則に照らして明確な誤りであろう。先に述べた通り、日蓮が立宗宣言して南無妙法蓮華経の弘教に踏み切った時には既に自身が上行菩薩に当たるとの確信を得ていたと捉えなければならない。

竜の口の法難以降、日蓮はそれまでの上行菩薩の再誕という立場を超え、末法の本仏（教主）としての振る舞いを開始した。そのことは、竜の口の法難以後、文字曼荼羅本尊の図顕を開始していくという日蓮の行動に表れている。中央に「南無妙法蓮華経　日蓮（花押）」と記した曼荼羅本尊は「日女御前御返事」に「ここに日蓮、いかなる不思議にてや候らん、竜樹・天親等、天台・妙楽等だにも顕し給わざる大曼荼羅を、末法二百余年の比《ころ》、はじめて法華弘通のはたじるし（旗印）として顕し奉るなり」（二〇八六頁）とあるように、仏教史上誰人も顕すことのなかった未曾有《みぞう》の本尊であった。人々の礼拝の対象となる本尊を顕すことはその時代の教主でなければ行うことはできない。曼荼羅本尊を信受して自行化他の唱題に励む所が戒壇であるから、本尊の図顕によって初めて題目・本尊・戒壇という三大秘法の仏法の全体が現れたのである。

（6）日蓮滅後の日蓮教団——日興門流と他門流の相違

弘安五（一二八二）年十月、日蓮は池上宗仲《いけがみむねなか》の館で入滅する五日前、門下の高僧の中から六人（入門順に日昭・日朗・日興・日向《にこう》・日頂・日持）を選んで六老僧を定めた（「宗祖御遷化記録」）。その選定は、鎌倉や富士、下総《しもうさ》など各地で教線を張っていた有力な門下が日蓮滅後も心を合わせて教団を維持していくべきであるとの願望が込められたものと推察される。日蓮は遺言で自身の墓所を六老僧が輪番で守護することを指示していたからである（「墓所可守番帳事」）。しかし実際は、教団は日蓮滅後まもなく分裂していった。中でももっとも厳しい対立は日興と他の五人（五老僧）との対立だった（これを「五一相対」と呼ぶ。詳細は拙著『日興門流と創価学会』に記述）。日蓮の滅後、墓所が置かれた身延は日興が中心になって運営されたが、百か日法要の後、五老僧は誰一人として身延に到来せず、墓所輪番に応じなかった。

日興と五老僧との相違は次の諸点である。

①日興が日蓮の弟子と称したのに対し、五老僧は「天台沙門」と称し、自らを伝教大師の余流とした。

②日興が日蓮に倣《なら》って他宗と並んでの国家安泰の祈禱を拒否したのに対し、五老僧は他宗と交わって国家安泰の祈禱を行った。

③日興が「神天上《かみてんじょう》の法門」を遵守《じゅんしゅ》して神社参詣を禁じたのに対し、五老僧は神社参詣を認めた。

④日興が日蓮の御書を尊重して御書の収集・講義に努めたのに対し、五老僧は仮名《かな》で書かれた御書を蔑《さげす》み、御書をすき返しするなどして軽視した。

⑤日興が文字曼荼羅を本尊としたのに対し、五老僧は釈迦仏像を本尊とし、文字曼荼羅を軽視した。

⑥日興が経典の書写行や経典一部の読誦を禁じて唱題と弘教を行じたのに対し、五老僧は経

典の書写や一部読誦を行った。

それらの相違が表面化したのは、一二八五年に日向が身延に到来して学頭職に補任されてからである。身延の地頭・波木井実長《はきいさねなが》は日向に影響されて日興が堅く制止してきた神社参詣、釈迦仏像の造立などを行うようになった。波木井実長が日興の教導に従わないことが明らかになったので、日興はこのまま身延にとどまっていたのでは日蓮の正統教義を守ることができないと判断し、一二八九年に門下とともに身延を離山した。日興は有縁の門下・南条時光が地頭職を務める駿河国《するがのくに》富士郡上野郷（現在の静岡県富士宮市）に移り、そこに大石寺を創建した。それ以降、日興門流は基本的に大石寺を中心に展開されることとなった。

身延を離山する際の心境を日興は「原殿御返事」で次のように述べている。

「身延山を罷《まか》り出で候こと、面目なさ、本意《ほい》なさ申し尽くし難く候えども、打ち還し案じ候えば、いずくにても、聖人の御義を相継ぎ進らせて世に立て候わんことこそ詮にて候え。さりともと思い奉るに、御弟子ことごとく師敵対せられ候いぬ。日興一人、本師の正義を存して本懐を遂げ奉り候べき仁《じん》に相当たって覚え候えば、本意忘るることなく候」（二一七一頁）

ここで日興は五老僧らを「師敵対」と厳しく破折し、日興のみが日蓮の教義を正しく継承し弘通している存在であるとの確信を表明している。日興は大石寺創建の後、一二九八年には重須《おもす》談所に移って門下の育成に努めたが、そこでも五老僧を厳しく批判し続けた。すなわち一三〇九年には重須談所の初代学頭である寂仙房日澄《じゃくせんぼうにっちょう》（一二六二〜一三一〇。五老僧の一人である日頂の弟。日頂は当時、日興に帰伏している）に五老僧の謗法を破折せしめた。日澄の記したものに日興が印可を与え、さらに日興自身が末尾の八箇条を追加して成立したのが「富士一跡門徒存知の事」（二一七四頁）である。日澄の死後は第二代学頭の三位日順《さんみにちじゅん》（一二九四〜一三五六）に対し「富士一跡門徒存知の事」を元に「五人所破抄」（二一八五頁）を完成するよう指示し、五老僧破折を徹底的に行った。日興は一三三三年に八十八歳で逝去する前月、二十六箇条の「日興遺誡置文《にっこうゆいかいおきぶみ》」（二一九五頁）を残して未来の門下を訓戒したが、その冒頭の二箇条には「富士の立義《りゅうぎ》、いささかも先師の御弘通に違せざること」「五人の立義、一々に先師の御弘通に違すること」と記し、五老僧の門流が日蓮の教義に違背していることを強調している。

このように日興は、生涯の最後まで、五老僧が日蓮の真意に達せず邪義を唱える存在となっていることを破折し続けた。このことは日興が正邪を厳しく峻別する態度を貫いていたことを物語っている。波木井実長の謗法を許さず、身延を決然と離山した行動に見られる通り、教義に対する日興の態度は極めて厳格であった。日興と五老僧の相違（五一相対）を強調し、正邪を峻別するのが日興門流の特色だが、それに対し他門流は五一相対の問題を極力回避しようとするのが特徴である。ひるがえって『教学要綱』は「大聖人が亡くなられた後、大聖人の仏法を正しく継承・伝持したのは、日興上人である」（同書一五九頁）とするが、何をもって日興が「大聖人の仏法を正しく継承・伝持した」と言えるのか、その根拠について何の説明もなく、日興と五老僧の相違についても一切触れていない。これでは日興の正統性が十分に示されているとは言えず、むしろ五老僧の門流に類するものになっている。

「富士一跡門徒存知の事」と「五人所破抄」に示されている日興と五老僧の相違点は先に挙げた六項目だが、それに加えて重要な相違点は文字曼荼羅の書き方である。日興の場合、曼荼羅の中央に「南無妙法蓮華経　日蓮　在御判」と記し、門下に対してもそれ以外の書き方は許さなかった。日蓮は「日蓮」の文字に加えて花押を記したが、花押は本人でなければ書けないので、日興は花押の代わりに「在御判（御判在り）」と記したのである。すなわち日興は「南無妙法蓮華経　日蓮（花押）」と記した日蓮の本尊図顕の様式をその通りに継承した。それに対し、五老僧の場合、南無妙法蓮華経の下に曼荼羅を書いた自分自身の名前を記すのが通例であった。例えば日朗であれば、文字曼荼羅には「南無妙法蓮華経　日朗（花押）」と記した。日蓮が南無妙法蓮華経の下に日蓮の名と花押を記した外形だけを見て、南無妙法蓮華経の下には曼荼羅を書いた当人の名前を記すものと受け止めたのであろう。日興が南無妙法蓮華経の下に必ず「日蓮　在御判」と記したのは、日蓮を南無妙法蓮華経と一体の根源仏であるとする信仰があったからである。それに対し、五老僧が南無妙法蓮華経の下に自身の名を記した行為には日蓮を自分と同列の存在と見る認識があったことをうかがうことができる。五老僧は日蓮が妙法と一体の本仏であるという認識を持てなかったのである。

日興は日蓮と自身を同列に置かず、自分が本尊を書くことを「書写」と称し、自分の名前は「書写之　日興（花押）」と記して当該本尊を書写した責任が自身にあることを明確にした。もちろん「書写」というのは特定の本尊の相貌を書き写したという意味ではない。日蓮による曼荼羅本尊図顕の様式を忠実に継承したという意味と解せられる。

日興が門下にも徹底した曼荼羅本尊書写の様式は極めて特徴的であり、そこには日蓮から日興に本尊書写に際しての具体的な教示があったことを推測せしめる。教義に厳格であった日興が何の裏づけもない自分一人の勝手な判断で本尊書写の様式という重大な事柄を定めることは考え難いからである。曼荼羅本尊の書き方について日蓮から日興に与えられたとされるのが「御本尊七箇相承」や「本尊三度相伝」などの相伝書である。「御本尊七箇相承」には「本尊書写のこと、予が顕し奉るごとくなるべし。もし日蓮御判と書かずんば、天神地神もよも用い給わざらん」（『富士宗学要集』第一巻三二頁）と「南無妙法蓮華経」の下には日蓮が書いた形と同じように「日蓮　在御判」と記すよう明記されている。日興門流の曼荼羅本尊は基本的にはこれらの相伝書の内容に従っている。その事実からも日蓮から日興への相伝があったことが裏づけられよう。

本尊の書き方を含めて日興と五老僧の間の相違は極めて大きい。この相違は何故に生じたのか。それは、端的に言えば、日蓮から各人が受けてきた教示の相違によると考えられる。日興は伊豆流罪当時から佐渡期や身延期を経て入滅まで、日蓮の活動の主要な期間にわたってもっとも日蓮の近くに随順した高弟だった。それに対して、五老僧の代表格である日昭・日朗は佐渡流罪前の鎌倉期における教示にしか接していない（日昭・日朗が佐渡や身延に日蓮を訪ねた記録はない）。日向・日頂は佐渡と身延で日蓮に接しているが、それぞれ上総《かずさ》と下総《しもうさ》を活動地域としたために身延で教導を受ける期間は限られていた。日持は佐渡と身延で日蓮に接した可能性はあるが、それを裏づける記録は残っていない。それに対して日興は伊豆流罪から入滅までの日蓮の思想展開の過程を間近に知り得る立場にあり、その間に日蓮の奥底の思想に触れる機会があったと考えられる。ちなみに日興と五老僧の相違が生じた原因について、戸田城聖も会員からの質問に答える形で、五老僧が「おそばでほんとうの真実を聞く時間が少なかった」ためであるとしている（『戸田城聖全集』第二巻一五六頁）。

日蓮が本格的に本尊図顕を開始するのは佐渡期以降であり、戒壇を含む三大秘法の教示は身延期からである。それ故に鎌倉期までの教示しか知らないのであれば、本尊や戒壇の教義が不明となるのは当然である。例えば日向には『金綱集《きんこうしゅう》』という教義書があるが、そこに説かれているのは唱題の教義だけである。日昭や日朗の著述も唱題行を述べるだけで、本尊と戒壇については何も触れていない。

（7）日興門流の日蓮本仏論

日蓮から日興への教示は「本因妙抄」「百六箇抄」「御本尊七箇相承」「本尊三度相伝」などの相伝書として日興門流に伝えられている（「御義口伝」も相伝書に準ずるものとされる）。身延派などの他門流はそれらの相伝書を後世に作成された偽書として日蓮から日興への相伝を全面的に否定している。日蓮がそれらの相伝書を日興に授与したことは文献学上は裏づけられないが、一方では、その可能性が全くないと断定できるだけの決定的な根拠もない。実際に日蓮が日興に相伝書を授与した可能性は否定できない。思想的に見ると日興とその門弟の思想と行動は相伝書の内容と合致しており、その点から見れば相伝書が実際に存在した可能性はむしろ高いといえる。

一般的に文書の真偽について、文献学的な証拠がない場合はあくまでも真偽未決であり、それだけで偽書と決めつけることは論理的には誤りである。後に真書である証拠が発見される場合もあるからである。日蓮の御書の場合、日蓮の真筆が一部でも残っているか、真筆があったとの記録があるか、または直弟子や孫弟子等の古写本がある場合に限って真書として扱い、それ以外の真偽未決のものは議論の材料として使用しないという態度が身延派などの研究者に見られる。しかし、それは真偽未決のものを実質的には全て偽書として切り捨てるもので、文献学に偏り過ぎていて妥当ではない。実際にはかつて真偽未決とされていた御書でも真筆や古写本が新たに発見される例も少なくない。また「三大秘法抄」のように、かつて偽書の疑いが強くかけられていたものでも、近年、計量文献学の知見をもとにコンピューターで解析した結果、逆に真書の可能性が高いという結論が出たものもある（伊藤瑞叡『なぜいま三大秘法抄か』）。従って文献学を絶対視するのではなく、真筆や古写本がない真偽未決の御書でも思想的に問題のないものは日蓮の教義を考察する資料として用いていくことが適切な在り方であろう。

今回の『教学要綱』は、身延派などの態度に同調して真筆や古写本のない御書を基本的に用いていない。日興門流の相伝書についても、その名称も含めて一切無視する方針をとっている。『教学要綱』は、身延派のように日興門流の相伝書を偽書として明確に否定している訳ではないが、否定も肯定もせずに意図的に態度を曖昧にし、全てを無視していく在り方は実質的には身延派と同様であると評される。

相伝書のうち「本因妙抄」については日興の弟子である日尊《にちぞん》（一二六五〜一三四五）の自筆本を書写したとする要法寺《ようぼうじ》第十九世日辰《にっしん》（一五〇八〜一五七六）の写本と大石寺第六世日《にち》時《じ》（?〜一四〇六）によると伝えられてきた写本、また保田妙本寺第十四世日我《にちが》（一五〇八〜一五八六）の写本がある。さらに日興の高弟で重須談所の第二代学頭三位日順が同抄を解説した「本因妙口決」がある（「本因妙口決」については後年の偽作とする説が出されてきたが、偽書説には十分な根拠がない）。日尊の自筆本によるという日辰の主張を否定できる根拠はなく、三位日順の「本因妙口決」もあるので、「本因妙抄」が日興存命中に存在したことはほぼ確実である。

「百六箇抄」についても要法寺日辰と保田妙本寺日我の写本があるほか、日辰は「祖師伝」で日興が日尊に「百六箇抄」を授与したと述べている（『富士宗学要集』第五巻四二頁）。さらに大石寺第十七世日精《にっせい》は「家中抄上《けちゅうしょう》」で弘安三年に日蓮が日興に「百六箇抄」を授与したとし、日興が一三一二年（正和元年）に「本因妙抄」と「百六箇抄」を日尊・日目・日代・日順に相伝したとする（同一五四頁、一七〇頁）。「祖師伝」と「家中抄」を否定できるだけの客観的根拠はないので、「百六箇抄」も日興存命中に存在したと見ることができる。

仮に「本因妙抄」と「百六箇抄」（この両抄は「両巻抄」とも呼ばれる）を偽書とした場合、それでは誰が両巻抄を偽作したのかということが問題になるが、日興存命中に存在している文献であるならば偽作者は日興その人ということになろう。信仰の根本教義を示す教義書を恣意的に捏造《ねつぞう》することは仏法を捻じ曲げる重大な犯罪的行為であり、教義の正邪について極めて厳格であった日興がそのような悪事を行うことはありえないというべきだろう。「本因妙抄」と「百六箇抄」が日蓮が日興に与えた相伝書であることを文献学的には証明できないが、両抄が日興門流の最初期に存在した教義書であることは確実と見られるから、そこに示された教義は日興が日蓮から教示された内容を反映しているとするのが至当である。

「本因妙抄」「百六箇抄」が示す思想は多岐にわたるが、まず確認できるのは法華経の文上と文底の区別を明確にし、法華経文上本門を脱、文底の妙法を下種とする種脱相対である。文上・文底の区別と種脱相対は「開目抄」「観心本尊抄」などで既に説かれている法門だが、両巻抄では妙楽大師の「雖脱在現具騰本種《すいだつざいげんぐとうほんしゅ》（脱は現に在りといえども、つぶさに本種を騰《あ》ぐ）」の文を挙げ、「寿量品の文の底の法門、自受用報身如来の真実の本門、久遠一念の南無妙法蓮華経なり。『脱は現に在りといえども、つぶさに本種を騰ぐ』の勝劣これなり」（「本因妙抄」二二二一頁）として文上本門（脱）と文底の南無妙法蓮華経（種）の勝劣をさらに明確にしている。

また「本因妙抄」「百六箇抄」の特徴として、いわゆる本因妙思想を強調することが挙げられる。本因妙思想とは、法華経寿量品で説かれる五百塵点劫における釈迦仏の成道（脱益《だっちゃく》）を本果妙とし、釈迦仏が成道した根本の因を本因妙とする思想のことである。天台大師は『法華玄義』で、釈迦仏が成道する以前に菩薩道を行じていたと説かれること（「我本行菩薩道」）を本因妙とした。「百六箇抄」では「本因妙を本とし、今日寿量の脱益を迹とするなり」（二二一一頁）、「日蓮は本因妙を本となし、余を迹となすなり。これ真実の本因本果の法門なり」（二二一六頁）として、五百塵点劫の成道（本果妙）を迹とし、本因妙を本とする立場を明確に打ち出している。本果よりも本因を本とする本因妙思想は日興門流だけが恣意的に主張しているものではない。日興門流の外でまとめられたと考えられる「御講聞書《おこうききがき》」（筆録者は日向とされる）に「日蓮が弟子檀那の肝要は、本果より本因を宗《しゅう》とするなり」（一一二二頁）とあることはその裏づけである。そこから、本因妙思想は日蓮自身のうちに存在していたことをうかがうことができる。

本因妙思想は日興の著述にもはっきりと表れている。すなわち日興が一三三〇年に著した教義書である「五重円記」には「当流は観心の上に元意を立つ。そは上行所伝の妙法、本門自行の要法これなり。釈に云わく、この妙法蓮華経は本地甚深の奥蔵なり。本地とは元意と同じことなり。三世如来の師とし給うところ、一仏不出現、元意の大法にあらずや。これをもって元意とは本因妙所修の法体なり」（『日蓮宗宗学全書』第二巻九一頁）と述べられている。上行菩薩に付嘱された妙法（南無妙法蓮華経）こそが釈迦仏が成道する以前に存在した（一仏不出現）三世諸仏の師であり、釈迦仏が成仏の本因として修行した法体であるとするのである。本因妙思想の他にも「五重円記」には「本因妙抄」にもある「事行《じぎょう》の妙法蓮華経」という用語も見られ、日興が「本因妙抄」を相伝として与えられていたことを推測させるものになっている。

釈迦仏が成道の前に菩薩として行じた根源の法は釈迦仏を仏にさせた能生《のうしょう》の妙法であり、日蓮が「その法体とはまたなにものぞ。南無妙法蓮華経これなり」（「煩悩即菩提の事」一五二一頁）と明示する通り、南無妙法蓮華経に他ならない。しかも南無妙法蓮華経は人格のない単なる理法ではない。人格を離れた抽象的な理法では現実世界に働きかけることはできず、人を成仏へと導く「師」の役割は果たせない。南無妙法蓮華経が「三世の諸仏の師範」（「煩悩即菩提の事」

一五二〇頁）であることは、そこに人格性が含まれていることを示している。「百六箇抄」に「法自《おの》ずから弘まらず、人法を弘むるが故に、人法ともに尊し」（二二〇〇頁）とある通り、具体的な人格性を伴って初めて人々を救済する力用が現れるのである。それ故に南無妙法蓮華経には人格性が含まれており、「御義口伝」に「無作の三身とは末法の法華経の行者なり。無作の三身の宝号《ほうごう》を南無妙法蓮華経と云うなり」（二〇四八頁）とあるように、根源の法を所持する根源仏の尊称（宝号）でもある。南無妙法蓮華経が根源仏の名称でもあるから、その仏身は南無妙法蓮華経如来と表されることとなる。南無妙法蓮華経それ自体が法と人の両面を具える人法一箇の存在なのである。

法華経に「経巻を安置するところには既に如来の全身がましします」（法師品現代語訳、法華経三六三頁）、「もしこの経を持《たも》つならば、その人は仏身を持つことになる」（宝塔品現代語訳、同三九三頁）と説かれるように、法は人と一体であり、法も人を離れて存在することはないという「人法相即」の思想は法華経に既に存在している。それ故に天台や伝教も「法を持するは即ち仏身を持するなり」（『法華文句』。大正蔵三四巻一四二頁）、「伝教大師云わく『一念三千即自受用身。自受用身とは尊形《そんぎょう》を出でたる仏なり』」（「日女御前御返事」二〇八七頁）と人法一箇の法理を教示している。

人法一箇の法理については多くの視点から論ずることができる。ここで詳しく述べないが、一つには曼荼羅本尊に「南無妙法蓮華経　日蓮（花押）」とあるところに曼荼羅本尊における人法一箇の義が現れている。また、南無妙法蓮華経を覚知してその根源の法を初めて人類に教化した日蓮の生命に南無妙法蓮華経が所持されているから、日蓮において人法一箇が成立している。さらに「経王殿御返事」に「日蓮がたましいをすみ(墨)にそめながしてかきて候ぞ、信じさせ給え」(一六三三頁)とあるように、日蓮の生命をそのまま図顕したのが曼荼羅本尊であり、曼荼羅本尊と日蓮は一体不二であるとすることが人法一箇のもう一つの意義である。このように人法一箇は日蓮仏法において極めて重要な法理だが、『教学要綱』ではその名目すら示されておらず、なぜ人法一箇の法理を無視するのか、その理由の説明も一切ない。この点も『教学要綱』の問題点の一つである。

釈迦仏を含む一切の仏を成仏させた根源の法が南無妙法蓮華経であるが、南無妙法蓮華経を所持する根源仏(無作三身如来・南無妙法蓮華経如来)を「本因妙抄」「百六箇抄」は久遠元初自受用身と呼ぶ。自受用身とは過去の修行によって悟りの境地を自ら享受する仏という意味で、インド唯識学派の論書『成唯識論《じょうゆいしきろん》』などに見られる用語である。この言葉は日本の天台本覚思想において広く用いられ、日蓮も「真言天台勝劣事」(八〇八頁)や「四条金吾殿御返事」(「衆生所遊楽御書」一五五四頁)などに用いている。

また久遠元初とは文上寿量品が説いた五百塵点劫を超越した次元を示す言葉である。それは五百塵点劫をさらに遡る一時点を指す言葉ではなく、「根源」「無始無終」の意である。一時点としたならば、それをさらに遡る時点が存在することになり、根源になりえないからである。従って久遠実成の釈迦仏以前のある時点に久遠元初自受用身という仏身が存在したという理解は根本的な誤りである。「久遠元初」という言葉は一般御書には見られない用語だが、「当体義抄」「総勘文抄」「三大秘法抄」には「五百塵点（劫）の当初《そのかみ》」ないしは「久遠実成の当初」としてほぼ同様の意味を示す言葉がある。従って久遠元初自受用身という言葉は一般御書の延長にあるもので、決して特異なものではない。久遠元初自受用身は南無妙法蓮華経を所持する根源仏の意であるから無作三身如来・南無妙法蓮華経如来と同義である。

その上で「本因妙抄」「百六箇抄」は、釈迦一代の教法に説かれる全ての仏は衆生の機根に応じて現れた応仏であるとする一代応仏思想を説く。即ち「本因妙抄」には「一代応仏のいき（域）をひかえたる方は理の上の法相なれば、一部共に理の一念三千、迹の上の本門寿量ぞと得意せしむることを脱益の文の上と申すなり」（二二二七頁）とある。また「百六箇抄」では「応仏一代の本迹」の項を立て「久遠下種・霊山得脱・妙法値遇《ちぐ》の衆生を利せんがために、無作の三身、寂光浄土より三眼・三智もて九界を知見し、迹を垂《た》れ、権を施す。後に説く妙経の故に、今日の本迹共に迹とこれを得るものなり」（二一九八頁）とする。これは五百塵点劫成道の釈迦仏も衆生の機根に応じて出現した応仏であるとする文であり、釈迦本仏を明確に退ける立場である。

さらに「百六箇抄」は「我が内証の寿量品とは脱益寿量の文底の本因妙のことなり。その教主は某《それがし》なり」、「久遠元始の『天上天下唯我独尊』は日蓮これなり」（二二一〇頁）として、日蓮を久遠元初の根源仏とする日蓮本仏論を明示する。

もっともその日蓮本仏論は日興門流が勝手に創作した教義ではなく、日蓮自身が多くの御書で教示している（この点については本書所収の第二部『日蓮本仏論の考察――宮田論文への疑問』で詳述した）。例えば「撰時抄」では「日蓮は、当帝の父母、念仏者・禅衆・真言師等が師範なり、また主君なり」（一七三頁）として日蓮が主師親の三徳を具備した本仏であることが明示されている。「王舎城事」にも「こう申すは、国主の父母、一切衆生の師匠なり」（一五四八頁）とある。「法蓮抄」には「当に知るべし、この国に大聖人有りと」（一四三一頁）とあるが、「大聖人」とは仏の別号であるから、この文も日蓮自身が日蓮本仏義を示した明文となっている。

日蓮本仏論は、仏教といえば釈迦仏を教主と考えることが日本仏教界全体の前提観念であった日興在世当時では、いわば驚天動地の、容易に受け入れがたい教義である。それ故に日興自身は教団の長という立場にあったために著書の形で公に主張することは抑制したと考えられるが（日興門流の奥義を説いた相伝書と「御義口伝」は秘要の書とされ、引用の形であっても内容が外に示されることはなかった）、具体的な振る舞いの上では日蓮を本仏とし、釈迦本仏義を退ける信仰が明確に表れている。日興は日蓮について「仏」「聖人」と呼び、「聖人御影《みえい》の御宝前に申し上げまいらせ候い了んぬ」（『日興上人全集』一五五頁）とあるように、自身に寄せられた供養を常に日蓮の御影に供えていた（日興が供養を釈迦仏像に供えた事績は皆無）。また先に述べた通り、日興は曼荼羅本尊の書写に当たっては必ず「南無妙法蓮華経」の下に「日蓮　在御判」と記し、その書写様式を日興門流全体に徹底していた。その形式は、日興が日蓮を南無妙法蓮華経と一体である根源仏と信ずる信仰に立っていたことを示している。

しかし、日興の高弟は日興の存命中から日蓮本仏論を著述の中で明確に表明していった。その代表は重須談所の第二代学頭だった三位日順（一二九四〜一三五六）である。日順は「本因妙抄」を解説した「本因妙口決」で「久遠元初自受用報身とは本行菩薩道の本因妙の日蓮大聖人を久遠元初の自受用身と取り定め申すべきなり」（『富士宗学要集』第二巻八三頁）と述べ、日蓮を根源仏（久遠元初自受用身）とする日蓮本仏義を明示している。また日順の「誓文」では「本尊総体の日蓮聖人」（同二八頁）として日蓮を曼荼羅本尊の総体であるという人法一箇の法理を説く。また南条時光の子息である富士妙蓮寺第五世日眼《にちげん》は「五人所破抄見聞」で「威音王仏《いおんのうぶつ》と釈迦牟尼とは迹仏なり。不軽と日蓮は本仏なり。威音王仏と釈迦仏とは三十二相八十種好の無常の仏陀、不軽と上行とは唯名字初信の常住の本仏なり」（『富士宗学要集』第四巻一頁）と日蓮勝・釈迦劣の勝劣を明示し、日蓮本仏・釈迦迹仏の法義を説いている。この他、日仙《にっせん》（日興の本弟子六人〈本六〉の一人。讃岐《さぬき》本門寺の開基）、日道（大石寺第四世）、日満（阿仏房の曾孫）の振る舞いや著述にも日蓮本仏義を見ることができる。

このように日興の多くの高弟が明確に日蓮本仏義を表明している事実に照らせば、日蓮を根源仏とする教義が日興門流の当初から存在していたことは確実というべきであろう。

日蓮本仏義は日興門流当初からの根本教義として後世に伝えられていった。大石寺第九世日《にち》有《う》(一四〇二〜一四八二)は大石寺の貫首(法主)として初めて日蓮本仏論を公にした存在として知られる。日有は「化儀抄」で「当宗の本尊のこと、日蓮聖人に限り奉るべし」(『富士宗学要集』第一巻六五頁)と日蓮のみが人本尊に当たるとし、「当宗には断惑証理の在世正宗の機に対する所の釈迦をば本尊には安置せざるなり」(同七八頁)と釈迦本仏義を明確に退けている。

また日興門流であっても富士門流(大石寺門流)から離れた保田妙本寺(日興・日目の弟子である日郷《にちごう》が開基)系でも日蓮本仏義は揺るぎない教義になっている。例えば保田妙本寺第十一世日要《にちよう》(一四三六〜一五一四)は「六人立義草案」で「未曾有の大曼荼羅は末法の本尊なり。その本尊とは聖人の御事なり。南無妙法蓮華経日蓮判と主《ぬし》づけたまうて釈迦・多宝・四菩薩・梵天・帝釈等は皆本尊より出でたまう所開なり。さて判行をするが大事なれ」(『富士宗学要集』第四巻七一頁)として曼荼羅本尊正意と人法一箇を明示し、「南無妙法蓮華経　日蓮(花押)」が本尊の中心主体で、釈迦・多宝などはそこから派生した従属的存在であるとしている。さらに「六人立義草案」では「百六箇抄」が引用されていることも注目される。すなわち「御定判には久遠元初の天上天下唯我独尊は日蓮なり。ただし久遠は本、今日は迹なり。日蓮は三世常恒に名字利生の本尊なり」(同六七頁)として、「百六箇抄」の文(二二一〇頁)が引用されている。「百六箇抄」は日興から日目・日尊・日順らに与えられたとされているが、日要が「百六箇抄」

を引用している事実は「百六箇抄」が日目の弟子・日郷が興した保田妙本寺にも伝わっていることを示している。

日要の弟子である日我《にちが》（一五〇八～一五八六。保田妙本寺第十四世）も日蓮本仏論と人法一箇を強調した。日我は「申状見聞」で「日蓮聖人は末法弘通、三大秘法の中に本尊なり云々。人法一個の習い、これを思うべし」（『富士宗学要集』第四巻九二頁）と述べ、「観心本尊抄抜書」では「本尊とは南無妙法蓮華経日蓮なり。この題目と高祖を三世十方の諸仏の本地、本因妙の本仏と信じ、本仏と解ることが大事なり」（同一七九頁）としている。また日我は「観心本尊抄抜書」で「久遠五百塵点より今日一代応仏の化儀は皆迹門なり」（同一七二頁）と述べ、「本因妙抄」「百六箇抄」で説かれる一代応仏説を明確に主張している。

このように日蓮本仏義は大石寺門流だけでなく日興門流全体の根本教義となっているが（釈迦仏像を造立した日尊系〈京都要法寺系〉は例外）、しかしそれは日蓮だけを根源仏とする差別的・権威的な思想ではない。日蓮自身が「当体義抄」で「能居《のうご》・所居《しょご》、身土、色心、倶体倶用《くたいくゆう》、無作の三身の本門寿量の当体蓮華の仏とは、日蓮が弟子檀那等の中のことなり」（六一七頁）と述べているように、妙法を受持する人全てが無作三身の根源仏として現れるという思想である。「生死一大事血脈抄」に「久遠実成の釈尊と皆成仏道の法華経と我ら衆生との三つ全く差別無しと解《さと》って妙法蓮華経と唱え奉るところを生死一大事の血脈とはいうなり」（一七七四頁）とある通り、仏と法と衆生の三つが一体平等であるとするのが日蓮仏法の基本であり、凡夫からかけ離れた色相荘厳の存在は経典上に説かれた観念に過ぎず、実在する仏ではない。妙法を受持した凡夫こそが真実の仏であるという「凡夫即極」の思想こそが日蓮仏法の真髄である。仏は自身の外に存在するものではなく、自身の生命に内在するのである。日蓮はこのことを強調して「日女御前御返事」で「この御本尊全く余所《よそ》に求むることなかれ。ただ我ら衆生の法華経を持《たも》って南無妙法蓮華経と唱うる胸中の肉団におわしますなり。これを九識心王真如の都とは申すなり」（二〇八八頁）と述べている。

後に日興門流の教義を体系化した大石寺第二十六世日寛《にちかん》は「観心本尊抄文段」で「久遠元初の仏道に入る我等衆生の凡身の当体、全くこれ久遠元初の自受用身なり」（『日寛上人文段集』四八八頁）、「須臾《しゅゆ》も本尊を受持すれば我等の当体、全くこれ究竟果満《くきょうかまん》の無作三身なり」（同四八九頁）と述べ、本尊を受持する人は誰もが久遠元初自受用身（無作三身）であるとしている。また日寛は「当体義抄文段」で「我等、妙法の力用によって即蓮祖大聖人と顕るるなり」（同六七六頁）として、妙法を受持する人全てが日蓮と等しい根源仏の生命を顕すことができると言明している。

すなわち日蓮本仏論は日蓮だけが権威的・特権的地位にあるとする差別思想ではなく、万人が久遠元初自受用身であり、日蓮と等しい境涯になりうるとする万人の尊厳と平等を宣言する思想である（生命としては万人はあくまでも平等だが、役割・立場という観点からすれば、南無妙法蓮華経を初めて弘通した日蓮は師であり、他の人々は弟子であるという立場の相違があることは当然である)。

しかし『教学要綱』は「本因妙抄」「百六箇抄」の名目すら挙げずに全て無視し、「久遠元初自受用身」という用語も一切用いていない。日蓮を言葉の上では末法の本仏と呼ぶが、根源仏とする視点を持たない。色相荘厳の釈迦仏を迹仏とする立場にも立たず、逆に日蓮を釈迦仏の「使い」と位置づけ、釈迦仏を日蓮の上位に置く。このような態度は実質的には日興門流の伝統教義を否定し、日興門流から離脱する志向性を示すものといえよう。

(8) 富士門流の変質

①僧侶の腐敗・堕落

日興門流は日興・日目の逝去(一三三三年)の後、教団的には大石寺の他に保田妙本寺、京都要法寺、西山本門寺、北山本門寺、小泉久遠寺などに分裂していった。その中心である富士門流(大石寺門流)では、教団の経営が安定していくにつれ、僧侶の実態として日蓮・日興の精神から逸脱して腐敗が進行した。その端的な実例は、第九世日有《にちう》が地方布教に出向いていた時、留守居役の高僧三人が大石寺そのものを勝手に売却したため六年間謗法の地となり、戻った日有が金二十貫でようやく買い戻した史実(「有師物語聴聞抄佳跡上」『富士宗学要集』第一巻一八五頁)である。江戸時代に入った第十七世日精の時代になると、大石寺の住職(法主)の中には寺宝を私欲のために売却した者も少なくなかったという（『富士宗学要集』第八巻五九頁）。第五十九世日亨《にちこう》によれば、明治初年頃の第五十五世日布《にっぷ》の時代には高僧が五重塔の銅瓦を売り飛ばしてトタンに代え、寺中で遊興に耽《ふけ》る事態になり、塔頭坊の住職にすら欠員が出るほど大石寺は疲弊したという（「大白蓮華」昭和三十一年十二月号）。

近年では創価学会の破門処分を強行した第六十七世日顕の常軌を逸した遊興や超高級旅館での豪遊などが広く知られているが、それらの事例は大石寺の僧侶の多くが真摯な信仰心を喪失し、仏教を私欲を満たす手段として利用する自己中心的な傾向が強まっていたことを物語っている。

一方で大石寺では派閥抗争が激しく、一九二六年（大正十五年）に法主の選出が選挙で行われた際には前法主に対する脅迫があったとの告訴が出され、多くの僧侶が警察の取り調べを受ける事態にもなった。腐敗と内部抗争に終始していた大石寺門流は葬式仏教化して布教の意欲も失われていった結果、他門流に比べても宗勢は全く振るわず、一九〇四年（明治三十七年）の内務省調査によれば、寺院数八十七、住職四十七人、信徒数三万弱の弱小教団にとどまっていた。

②法主絶対論の形成

さらに富士門流で生じた大きな逸脱は、大石寺の貫首《かんず》（法主）を絶対視し、法主を本尊と同等の存在とする、「法主信仰」ともいうべき教義が生じたことである。これは、第九世日有の弟子で、日尊門流（京都要法寺系）から富士門流に転入した左京日教《さきょうにっきょう》（一四二八〜没年不明）が初めて唱えたものである。左京日教は「当代の法主の所に本尊の体有るべきなり。この法主に値い奉るは聖人の生まれ代わりて出世したまう故に」（『富士宗学要集』第二巻三〇九頁）、「当代の法主に値い奉る時、本仏に値うなり」（同三二九頁）などと述べている。このような法主信仰の教義はそれまで誰も言いだした者はなかった。日教がこのような異様な教義を唱えた背景には、日有の後、一四八二年に大石寺法主となった第十二世日鎮《にっちん》がわずか十三歳で法主となった「稚児貫首《ちごかんず》」だったという事情がある（その後、大石寺では約百年間にわたって少年が法主となる稚児貫首時代が続いた）。

十三歳という年齢では正式に得度する以前の稚児の段階であり、もちろん高度な仏教教理はまだ体得できず、東北から九州まで全国規模にわたる教団を運営できる実力があるはずもない。そこで左京日教は、教団の求心力を高めるため、たとえ法主が少年であっても教団の中心である法主の指示に無条件で従うことが教団人としての正しい在り方であるという論理を構築し、法主は本尊そのものであるという法主信仰の教義を作りだしたと考えられる。

このような法主絶対論は、日興門流の教義から大きく逸脱したものであることは言うまでもない。日興は「日興遺誡置文」で「時の貫首たりといえども、仏法に相違して己義《こぎ》を構えば、これを用いるべからざること」（二一九六頁）として、仏法の原則に違背する法主が出た場合にはそれに従ってはならないと遺誡している。この日興の教示は法主信仰とは正反対のものだが、大石寺門流の歴史においては法主の権威を主張する道具として日教が恣意的に創作した法主信仰の教義がしばしば用いられた。近年、日蓮正宗が創価学会を破門した際にも、創価学会が法主の教示に従わないのは許されないという法主絶対論によって、学会側の弁明を聞く機会も一切作らず、一方的な処分が行われた。

③戒壇本尊の虚構

富士門流（大石寺門流）の基本教義の一つとして、いわゆる戒壇本尊を根本とする教義がある。戒壇本尊は弘安二年十月十二日に日蓮が造立したとされ、現在も大石寺に安置されている板曼荼羅本尊のことだが、近年の研究によれば、この本尊は日蓮が直接造立したものではなく、日蓮が弘安三年五月九日に図顕して日興の弟子・日禅《にちぜん》（本六の一人）に授与した本尊を模写し、大石寺第六世日時ないしは第八世日影の時代に法華講衆の発願により建立されたものであることがほぼ明らかにされている（金原明彦『日蓮と本尊伝承』。戒壇本尊と日禅授与本尊では首題である「南無妙法蓮華経」の書体と大きさが一致している）。

戒壇本尊について触れた文献は、日蓮はもちろん六老僧や日興の直弟子、また第九世日有の聞き書きなどにも一切なく、初めて文献に出てくるのは第十三世日院《にちいん》当時の一五六一年である。当初は法華講衆による造立とされていたが、やがて日蓮が直接造立したとの伝承が生じ、富士門流全体に日蓮直造の信仰が定着していったと考えられる。それ以降、他門流に対して富士門流の優位性を主張する根拠として戒壇本尊を強調するようになっていったと推定される。戒壇本尊を日蓮自身が造立したとの教義はその後の富士門流において僧俗全体に信じられていったが、歴史的に見れば、富士門流の優位性を主張するために形成された虚構であった。

④化儀の悪用と僧俗差別

江戸時代になって徳川幕府が寺請《てらうけ》制度を導入し、自由な布教を禁止したことで日本仏教全体が活力を失い、葬式仏教化していったが、大石寺門流の各寺院もその流れの中で葬儀などの儀式（化儀）を重視し、在家者に対して僧侶が権威的になる僧俗差別の傾向が強まった。在家信徒の葬儀に僧侶が導師となること、死後戒名を付けること、追善回向に僧侶が書いた塔婆を用いることなどは江戸時代以降に一般化した化儀であり、日蓮・日興の時代には存在していない。大石寺門流は、それらの化儀があたかも日蓮仏法本来のものであるかのように主張して信徒を欺き、化儀を信徒支配の道具にしてきたのである。

⑤権力への迎合

日興の時代に比べて富士門流が変質していった面として、政治権力に迎合する傾向が顕著になったことが挙げられる。日蓮滅後、鎌倉幕府は諸宗と並んで蒙古調伏・国家安泰の祈禱を行うよう日蓮系教団に命令した。それを拒否すれば住坊を破却するとの脅迫を伴う命令に五老僧は従順に従ったが、日興は諸宗と並んでの国家安泰の祈禱は決して行わなかった。日興は権力に迎合せず、逆に幕府や朝廷に対する国主諫暁を繰り返し行った。それは日蓮が「立正安国論」以来、晩年に至るまで幕府および朝廷に対して行った国主諫暁の実践に倣ったものであることはいうまでもない。しかし、国主諫暁の行動は大石寺貫首としては第九世日有までで終わっている。時の権力に対して緊張感を持って対峙していく姿勢は、日有以降、影を潜め、戦国時代の混乱の中で教団を維持していくためにむしろ権力に迎合していく傾向が生まれていった。

江戸時代になると大石寺は徳川家康の養女・敬台院《けいだいいん》や第六代将軍徳川家宣《いえのぶ》の正室・天英院《てんねいいん》の保護を受けるなど、幕府権力との結びつきを強めていった。権力に迎合する傾向は明治期以降さらに強まり、大石寺は明治政府による対外戦争にも積極的に協力している（例えば第五十六世日応《にちおう》は日露戦争に際して「皇威宣揚征露戦勝大祈禱会」を開催し、その時に集まった供養を軍資金として政府に献納した）。昭和期においても第六十二世日恭《にっきょう》は太平洋戦争の勃発に際し「本日、米国及び英国に対し、畏れおおくも宣戦の大詔煥発《かんぱつ》あらせられ、洵《まこと》に恐懼《きょうく》感激に堪えず」との「訓諭」を宗内に発して戦意高揚を図っただけでなく、戦争中は大石寺の建物や梵鐘などを積極的に軍部に提供し、戦争遂行に加担し続けた（大石寺門流は一九一二年〈明治四十五年〉に「日蓮正宗」と公称を改めた）。

（9）日寛による教義の体系化

先に述べたように富士門流では日興の入滅以後、日蓮・日興の精神から逸脱した多くの変質が生じたが、日蓮を南無妙法蓮華経と一体の根源仏（久遠元初自受用身）とする根本教義に変動はなかった。この根本教義を整理し、体系化したのが江戸時代中期に出た大石寺第二十六世日寛《にちかん》（一六六五〜一七二六）である。日寛は重要御書を注釈した『文段』と体系的な教義書である『六巻抄』（「三重秘伝抄」「文底秘沈抄」「依義判文抄」「末法相応抄」「当流行事抄」「当家三衣抄」の総称）を執筆し、御書はもちろん「本因妙抄」「百六箇抄」などの相伝書、日興および三位日順ら日興の直弟子、第九世日有、保田妙本寺の日要・日我など、それまで日興門流に伝わってきた教義を整理した。

日寛はその主張の裏づけとして相伝書と「御義口伝」を積極的に引用して用いている。相伝書と「御義口伝」は従来、門流外に公開されていなかったが、「本因妙抄」「百六箇抄」などは既に左京日教が「穆作抄《むかさしょう》」（一四八四年）などで引用し、「御義口伝」も六条門流（本迹一致派）の円明院日澄《えんみょういんにっちょう》が「法華啓運抄」（一四九二年）で引用するなど、十五世紀後半には日興門流の相伝の内容が次第に内外に知られる状況になっていた。日寛の時代になると相伝書の内容を秘密にする意味がなくなっていたので、日寛はむしろ相伝書を積極的に開示し、日興門流の教義を裏づける根拠として用いたのである。

日寛の思想は多岐にわたるが、その特徴の一つは「開目抄」「観心本尊抄」などで日蓮が明示した文上・文底の区別と熟脱・下種の区別（種脱相対）を強調するところにある。法華経の文上が熟脱、文底が下種であるとの区別の上から日寛は「釈尊はすなわちこれ熟脱の教主なり。蓮祖すなわちこれ下種の教主なり。故に本因妙の教主と名づくるなり」と述べている（『六巻抄』八九頁）。

三大秘法について日寛は本門の本尊に法本尊と人本尊の二義があるとし、南無妙法蓮華経を図顕した文字曼荼羅本尊を法本尊、文字曼荼羅本尊を顕した日蓮を人本尊と規定した上で、「蓮祖一身の当体全くこれ十界互具の大曼荼羅なり」（同一七七頁）として法本尊と人本尊が一体であるとの人法一箇（人法体一）の法理を強調している。

人本尊である日蓮の位置づけについては上行菩薩の再誕というのは外用浅近《げゆうせんごん》の立場に過ぎず、日蓮の内証は久遠元初自受用身であるとする（同八六頁）。日蓮＝上行菩薩というのはあくまでも衆生を化導するために用いた方便であり、日蓮の内証真実の境地は釈迦を成道させた能生の法体である南無妙法蓮華経と一体の根源仏と位置づけるのである。その立場から日寛は「もし文底の意に准ずれば、本果はなおこれ迹中化他の応仏昇進の自受用にして、これ本地自行の久遠元初の自受用にあらず。（中略）本果はなおこれ迹仏化他の成道なり」（同九六頁）と述べ、久遠実成の釈迦も衆生の機根に応じて説かれた応仏であり、迹仏であると断じている。法本尊については「一幅の大曼荼羅すなわち法本尊なり」(同一七三頁)として、日興以来の曼荼羅本尊正意の立場を貫き、釈迦仏像の造立を厳しく退けている。

本門の題目について日寛は「本門の本尊を信じて南無妙法蓮華経と唱うるを本門の題目と名づくるなり」(同一〇七頁)とする。すなわち身延派のように釈迦仏像や鬼子母神など誤った対象に対して単に南無妙法蓮華経と唱えても本門の題目にならないという趣旨である。本門の題目は本門の本尊を離れてそれだけで成立するものではなく、正しい本尊を信受することが前提となる。そして、本門の本尊を信受して本門の題目を行ずる場所が本門の戒壇であるから、本門の本尊が三大秘法全体の根幹となる。三大秘法を統合するのが一大秘法だが、日寛は「一大秘法とは即ち本門の本尊なり」(同一一八頁)として本尊を根本に三大秘法を意義づけている。

本門の戒壇について日寛は、本門の戒壇に「義の戒壇」と「事の戒壇」の二義があるとし、曼荼羅本尊を安置する場所であればどのような所であれ、義の戒壇になるとする(同九八頁)。また「三大秘法抄」に示された、広宣流布成就の時に実現する戒壇が事の戒壇になるという。日蓮仏法における戒壇は従来の仏教の戒壇のように僧侶が授戒する場所ではなく、万人が仏法を行ずる場所を意味するから、曼荼羅本尊を安置して唱題に励む場所が全て戒壇の意義を具えることは当然の道理である。

その上で日蓮は「三大秘法抄」で「戒壇とは、王法仏法に冥《みょう》じ、仏法王法に合して、王臣一同に本門の三秘密の法を持《たも》って、有徳王《うとくおう》・覚徳比丘のその乃往《むかし》を末法濁悪の未来に移さん時、勅宣ならびに御教書《みぎょうしょ》を申し下して、霊山浄土に似たらん最勝の地を尋ねて戒壇を建立すべきものか。時を待つべきのみ。事の戒法と申すはこれなり」（一三八七頁）と説き、一般の戒壇とは別に戒壇を建立することを広宣流布の目標とした。日寛の事戒壇説はこの日蓮の教示に沿ったものである。

また日寛は「末法相応抄」で要法寺第十九世日辰《にっしん》（一五〇七～一五七六）が立てた、法華経一部二十八品全体を読誦すべきであるという一部読誦論と釈迦仏像を造立すべきとする造仏論を破折した。その理由は、第十五世日昌《にっしょう》から第二十三世日啓《にっけい》まで日尊門流の京都要法寺出身者が大石寺の貫首になる時代が続き（一五九六年から一六九二年まで）、その間、基本的には富士門流の教義が尊重されたが、時には要法寺流の教義が富士門流に混入した状況があったからである（要法寺出身者の貫首就任は繁栄していた要法寺の経済力を大石寺の経営に用いるためであった）。中でも第十七世日精《にっせい》は造仏論に傾き、大石寺末寺に釈迦仏像を安置するなどの挙に出たため、日精の没後、後継の貫首は末寺に安置された釈迦仏像を撤去するなど日精の逸脱を是正する努力をしてきた。日寛による一部読誦論・造仏論破折もその是正作業の一環と位置づけられる。

その作業の中で日寛は、相伝書および三位日順や日有の教示を根拠に久遠実成の釈迦仏と日蓮の対比を明確にしている。それを図示すれば次のようになる。

釈迦——本果——色相荘厳——垂迹——化他——応仏昇進の自受用身——人法勝劣——脱益
日蓮——本因——名字凡夫——本地——自行——久遠元初の自受用身——人法一箇——下種益

その上で日寛は「当流行事抄」において、日蓮が「諫暁八幡抄」で「天竺国《てんじくこく》をば月氏国《がっしこく》と申す、仏の出現し給うべき名なり。扶桑国《ふそうこく》をば日本国と申す、あに聖人出で給わざらん。月は西より東に向かえり。月氏の仏法の東へ流るべき相なり。日は東より出ず。日本の仏法の月氏へかえるべき瑞相なり。月は光あきらかならず。在世はただ八年なり。日は光明、月に勝れり。五の五百歳の長き闇を照らすべき瑞相なり。仏は法華経謗法の者を治《じ》し給わず。在世には無きゆえに。末法には一乗の強敵《ごうてき》充満すべし。不軽菩薩の利益《りやく》これなり」（七四七頁）と説いて、法華誹謗の者を救済できない釈迦に対して一乗の強敵をも救済する日蓮の卓越性を明示しているのを受け、釈迦と日蓮の勝劣を強調する（『六巻抄』二一〇頁）。釈迦と日蓮について日蓮勝・釈迦劣とするのが日興門流の根本教義だが、その教義は日興門流の恣意的な主張ではなく、日蓮自身の思想に基づいていることを日寛は確認しているのである。

ついで日寛は「当流行事抄」の唱題篇で末法出現の三宝を論じ、仏宝＝日蓮、法宝＝本門の本尊、僧宝＝日興と規定している（同二二五頁）。日蓮こそが万人の成仏を可能にする南無妙法蓮華経を一切衆生に授与した根源仏（久遠元初自受用身）であり、また南無妙法蓮華経を図顕した文字曼荼羅が本門の本尊であり、日興こそが日蓮の奥底の教義を正しく伝えた師弟不二の弟子であるからである。

しかし『教学要綱』の内容は多くの点で日寛の教示から乖離《かいり》している。『教学要綱』は二〇一四年に創価学会会則の教義条項が改正された際に学会教学部から出された次のような見解を紹介する。

「(日蓮正宗の教義解釈に大きな影響を与えた)日寛上人の教学には、日蓮大聖人の正義を明らかにする普遍性のある部分と、要法寺[出身]の法主が続き、疲弊した宗派を護るという要請に応えて、唯一正統性を強調する時代的な制約がある部分があるので、今後はこの両者を立て分けていく必要がある」(『教学要綱』二一頁)

しかし、『教学要綱』では日寛教学の「普遍性のある部分」と「時代的な制約がある部分」の立て分けが示されているとはいえない。日寛教学の中で何が「普遍性のある部分」で、何が「時代的な制約がある部分」なのか、詳細な検討はなされていない。『教学要綱』は「法本尊」「人本尊」「人法一箇」「久遠元初」などの概念を一切用いていないだけでなく、日蓮を言葉の上では末法の本仏としながら、あくまでも釈迦の代理人、使い、被委嘱者の地位に置き、日蓮=上行菩薩という次元にとどめ、釈迦を日蓮の上位者に置く。この基本的なスタンスに明らかなように、『教学要綱』は、表面的な言辞とは裏腹に、実質は日蓮勝・釈迦劣を基本とする日興門流を否定する立場に立っている。

『教学要綱』が「人法一箇」の用語を決して用いないこともそこに理由がある。人法一箇の概念を立てた場合、法はもちろん南無妙法蓮華経となるが、人は南無妙法蓮華経を初めて説いた日蓮とならざるを得ない。釈迦は全く南無妙法蓮華経を説いていないので南無妙法蓮華経と一体の仏とすることはできない。それでは釈迦を日蓮の上位者とすることができなくなるので『教学要綱』はどこまでも人法一箇の概念を回避し、無視し続けるのである。この立場は、日寛の教示に従うならば、衆生を化導するための外用浅近《げゆうせんごん》の次元に囚われ、日蓮の内証真実の境地を忘却した在り方となる。

「一大秘法」についても日寛が「本門の本尊」としたのに対し、『教学要綱』では「南無妙法蓮華経」としている（同書一五八頁、一六一頁）。これまで創価学会では一大秘法を「本門の本尊」としてきたが（『教学の基礎』五五頁）、『教学要綱』は三大秘法の根本である一大秘法を本尊から題目に変えているのである。これは重大な教義の変更である。実は、一大秘法を南無妙法蓮華経とするのは身延派の教義そのものである。身延派の『日蓮宗宗義大綱』は「三大秘法は、本門の教主釈尊が末法の衆生のために、本化の菩薩に付嘱された南無妙法蓮華経の一大秘法に基づいて、開出されたものである」（『宗義大綱読本』七六頁）としている。『教学要綱』は一大秘法の内容を明確に日興門流から身延派に切り替えていることが分かる。

日蓮は竜の口の法難における発迹顕本を境として、それ以降、曼荼羅本尊の図顕を開始した。しかし身延派などの諸門流は曼荼羅の意義が理解できないので曼荼羅を釈迦仏像など雑多なものと並行して礼拝の対象にし、本尊が一定していない（何を本尊とするのか、本尊の実態が各寺院で異なっていて雑乱している）。それ故に諸門流は本尊を三大秘法の根本にすることができず、発迹顕本以前の題目の教理を中心にして三大秘法を説明せざるを得ない。身延派のように題目を三大秘法の中心にすると題目と本尊がリンクしなくなるので、仏像や鬼子母神など雑多な対象に対して唱題することも本門の題目として認められることになる。

しかし、日蓮自身が「三沢抄」に「法門のことは、さど（佐渡）の国へながされ候いし已《い》前《ぜん》の法門は、ただ仏の爾《に》前《ぜん》の経とおぼしめせ」（二〇一三頁）と明言している通り、発迹顕本して曼荼羅本尊の図顕を開始した以降とそれ以前とでは日蓮の立場は次元を異にする。「開目抄」に「日蓮といいし者は、去年九月十二日子《ね》丑時《うしのとき》に頸《くび》はねられぬ」（一〇二二頁）とあるように、竜の口の法難以前の日蓮の立場はその時に終了し、法難以後は新たな日蓮の境地が出現したのである。すなわち日蓮の境地は、それまで上行菩薩として釈迦仏の委託を受けた立場から、本尊の相貌に明らかなように、南無妙法蓮華経と一体の根源仏として釈迦・多宝をも脇士とする存在へと一変していることを認識しなければならない。従って『教学要綱』や身延派のように題目を一大秘法と捉えて日蓮仏法の根幹とする在り方は日蓮仏法の理解として明確な誤りとなる。あくまでも曼荼羅本尊こそが日蓮にとっての「出世の本懐」（「阿仏房御書」一七三三頁）であり、日蓮の内証の境地を顕した曼荼羅本尊を根本として三大秘法を理解しなければならない。

また三宝について、これまで創価学会では日寛の教示に倣って、仏宝を日蓮大聖人、法宝を南無妙法蓮華経の御本尊、僧宝を日興上人としてきたが（『教学入門』二七三頁）、『教学要綱』は法宝については南無妙法蓮華経の本尊ではなく単に南無妙法蓮華経とし、僧宝については日興を僧宝から外して創価学会であると規定した（同書一五八頁、一五九頁）。法宝においても一大秘法と同様、本尊から題目へ変更したのである。ちなみに身延派では法宝を法華経とりわけ南無妙法蓮華経としているので（立正大学日蓮教学研究所編『日蓮聖人遺文辞典　教学篇』四一七頁）、法宝を南無妙法蓮華経の題目とする『教学要綱』の在り方はこれまた身延派と全く同一となる。三宝の変更は重大な教義の改変だが、『教学要綱』においては三宝の内容を変えたことも変更の理由も一切説明されていない。

さらに本門の戒壇について、『教学要綱』は日寛が「三大秘法抄」に基づいて明示した「事の戒壇」を完全に無視するだけでなく、その理由も一切説明しようとしない。「三大秘法抄」は真筆が現存しないので、真筆あるいは古写本が現存するか、かつて存在した記録がないものは全て偽書として排除していく身延派のスタンスに従って「三大秘法抄」を偽書と見なしているのかもしれないが、先に述べたように、コンピューターを用いた近年の研究によればむしろ真書の可能性が高いという結論が出ている。「三大秘法抄」を偽書として排除できないのであるから、そこに明示された事戒壇を『教学要綱』が一切無視していることはそれ自体が宗祖日蓮に対する違背となるだろう。

もちろん日寛は大石寺の貫首（法主）であったから、他門流に対して富士門流の正統性・優位性を主張しなければならないという教団人としての制約があったことは当然である。例えば、いわゆる戒壇本尊を日蓮が直接造立したという大石寺に伝わる伝承を日寛が継承して戒壇本尊を教義の中心に置いたことなどは教団人としての制約と見なされる。しかし日寛は天台教学の学識に加えて、御書や相伝書はもちろん、富士門流に伝えられてきた思想を根拠にして思想を表明しており、その主張は決して日寛が恣意的に展開したものではない。従って、戒壇本尊を根本とする主張は今日においては用いることはできないが、六大秘法など若干の独自の用語はあるものの、全体として日寛の教示は日興以来伝えられてきた富士門流の教義から逸脱したものではないと評せられる。

『教学要綱』は「日寛教学の中で、『御書根本』『大聖人直結』にかなった教義解釈や、世界広宣流布を推進していく創価学会員の信行に資する内容については、引き続き重んじていくことは言うまでもない」（同書一五〇頁）と述べているが、実際には日寛の引用は皆無であり、一大秘法や三宝論、戒壇論など重要な教義について日寛の教示に違背している。「引き続き重んじていく」という言葉とは裏腹に、実質的には日寛教学を否定し完全に無視しているのが『教学要綱』の実態である。その在り方は『教学要綱』が日興門流からの離脱を志向していることを示している。

(10) 創価学会の歴史と日蓮正宗からの除名処分

創価学会は一九三〇年(昭和五年)十一月、初代会長牧口常三郎(一八七一〜一九四四)と第二代会長戸田城聖(一九〇〇〜一九五八)によって創立された(当時は創価教育学会)。その前提には二年前の一九二八年、牧口と戸田が日蓮正宗の信徒となって日蓮仏法に入信した事実がある(富士門流は一九一二年から日蓮正宗と公称した)。二人のうち牧口がまず入信し、後に戸田を入信に導いた。牧口は当時、白金小学校(東京都港区)の校長をしていた教育者であるとともに、かつて日本最初の人文地理学の体系書である『人生地理学』(一九〇三年)を著した地理学者であり、また価値哲学の研究を通して独自の教育学(創価教育学)を構想してきた教育学者でもあった。

牧口はそれまで特定の宗教の信者ではなかったが、宗教には強い関心を持っていた。キリスト教の教会で牧師の説教を聞いたり、座禅をしたり、国柱会《こくちゅうかい》(日蓮宗身延派の僧侶だった田中智学が創立した、国家主義の立場に立つ在家信徒団体)の講演会に何度も参加したが、どれにも心を動かされることはなかったという。その理由について牧口は「何れも科学及び哲学の趣味を転ぜしめ、又はそれと調和するほどの力あるものと感ずる能わなかったからである」(『創価教育学体系梗概』『牧口常三郎全集』第八巻四〇五頁)と述べている。

その牧口が日蓮正宗に入信する契機となったのは、日蓮正宗の信徒で商業学校の校長をしていた三谷素啓《みたにそけい》（一八七八〜一九三二）との対話だった。『創価学会三代会長年譜』などによれば、三谷から日蓮仏法の話を聞いた牧口は深く心を動かされ、十日間、一日も休まず三谷の家を訪ねて議論を交わしたという。十日間にわたる議論の末、牧口は日蓮仏法こそが自分が求めてきた宗教であると感ずるようになり、日蓮仏法に入信する決意を固めて日蓮正宗の信徒となった。牧口は経験豊かな教育者であるだけでなく、当時最先端の学識を幅広く備えた知識人であり、日蓮宗各派だけでなく宗教全般についても相応の見識を持っていたと考えられる。三谷との議論の中では日興門流と他門流の相違もテーマになったであろう。その結果、牧口が日蓮正宗の信徒になったということは、他門流ではなく日興門流に日蓮仏法の正統があると判断したためと考えられる。

創価教育学会は、当初、牧口が創始した創価教育学説の普及と実行のために創立されたが、会員は全て日蓮正宗の信徒となったため、学会の活動は次第に宗教的色彩が強くなり、一九三六年頃には創価教育学会は教育学の研究団体というよりも日蓮仏法を実践・布教する宗教団体となっていた。牧口は日蓮正宗が日蓮仏法の正統教義を継承していることは認めていたが、同時に葬式仏教の域を出ず、僧俗差別などの逸脱があった宗門の在り方には同調しなかった。牧口は日蓮正宗の教義は尊重したが、学会の運営と会員の信心指導は会独自で行い、僧侶の指導に服することはなかった。しかし、牧口が日蓮正宗の教義を尊重していたことは、一九三六年頃から戸田城聖ら他の幹部とともに第五十九世日亨《にちこう》や第六十五世日淳《にちじゅん》らの講義を熱心に受講し、日蓮教学の研鑽に努めている事実からもうかがうことができる。

信仰が形式的になっていて生活と遊離していた日蓮正宗に対し、牧口は日蓮仏法を各人がよりよい人生を勝ち取るための「生活法」と位置づけ、自身が生み出した価値論をもって人々を日蓮仏法に導く手段とした。この点について牧口は逮捕後の「尋問調書」で次のように述べている。

「在家の形で日蓮正宗の信仰理念に価値論を採り入れたところに私の価値があるわけで、このところに創価教育学会の特異性があるのであります」(『牧口常三郎全集』第十巻一八八頁)

牧口のこの言葉が示す通り、日蓮正宗の在家信徒団体であった創価教育学会は、当然のことながら日興門流の教義をその信仰の基盤とした。ただし宗門の僧侶や旧来の信徒の中には学会に反発する者もあり、それに対して牧口は「日蓮宗中の邪法信者のみならず、吾々日蓮正宗の信者であっても、純真に大善生活を行じているものを怨嫉《おんしつ》するものは『法華経を信ずれども功徳なし、かえりて罰をかほる』こととなるのである」(『牧口常三郎全集』第十巻四九頁)と破折している。

太平洋戦争の進行とともに政府による宗教弾圧が激化すると、学会と宗門の体質の相違が顕在化した。一九四三（昭和十八）年六月、日蓮正宗宗務院は牧口を初めとする創価教育学会の幹部を大石寺に呼び出し、神札の受け取りを会員に指導するよう申し渡した。しかし、謗法を厳しく誡める日蓮仏法の原則に忠実であろうとした牧口は即座にこれを拒否した。宗門が弾圧を恐れて権力に迎合したのに対し、牧口は弾圧も覚悟の上で信仰の純粋性を貫こうとしたのである。その結果、同年七月、牧口と戸田を初めとする学会の幹部二十一人が刑法の不敬罪と治安維持法違反の容疑で逮捕され、投獄されるという弾圧を被ることになった。牧口と戸田以外の幹部は全員退転し、創価教育学会は壊滅状態となった。

牧口は一九四四年十一月に東京拘置所で獄死したが、翌年七月に出獄した戸田は直ちに学会の再建に着手した。多くの幹部が退転した要因は教学の未熟にあったと考えた戸田は、会の名称を創価学会に改め、少数の会員を相手に法華経や御書の講義を行うことから学会の組織と運動を再生させていった。折伏弘教とともに教学の研鑽を学会活動の柱とした戸田は、一九五一年に第二代会長に就任すると直ちに御書全集の刊行を発願、その編纂を第五十九世日亨に委嘱した。一九五二年四月に完成した創価学会版『日蓮大聖人御書全集』は、相伝書である「本因妙抄」「百六箇抄」「御義口伝」や日興による「五人所破抄」「富士一跡門徒存知の事」「日興遺誡置文」など日興門流に伝わる教義書を収録したところに大きな特色がある。

それに続いて戸田は「立正安国論」「開目抄」「観心本尊抄」など御書十大部の講義の出版にも着手した。その基本はあくまでも日興門流の教義に忠実であったことであり、その大成者である日寛の教示を尊重したことである。例えば戸田は「観心本尊抄」講義の序文で次のように述べている。

「当御抄は仏教哲学の真髄であり極理中の極理なるがゆえに、古来幾多の学者はしばしば当抄の解釈を試みたが、いずれも宗祖大聖人の奥旨に到達したる者はなく、ただ一人大石寺第二十六世日寛上人こそ宗祖の奥底を残りなく説き明かされたのである。じつに日寛上人以前にその人なく、また日寛上人以後においてもそれ以上に説明すべき哲学の何ものもないと吾人は固く信ずるものである。ゆえに本講義も日寛上人の御講義を唯一の依拠として終始したしだいである」(『戸田城聖全集』第三巻三七八頁)

戸田は日興門流の教義を尊重する一方、「仏とは生命である」との獄中で得た悟達をもとに論文「生命論」などを執筆、従来の教学の枠組みに限定されず、牧口が「価値論」をもって行ったと同じく、日蓮仏法を現代の言葉で説明することに努めた。

創価学会は『御書全集』の発刊の後、毎年、教学の習熟度に応じて分けた階級別の教学試験を実施するなど、会全体で御書や『六巻抄』の研鑽に力を注いできた。その教学研鑽から得られた思想的・理論的確信が弘教推進の力となり、戸田の会長就任後、爆発的な勢いで弘教が進んだ。その結果、戸田の会長就任当時、約四千世帯だった創価学会の世帯数は一九五八年に戸田が逝去した時には七十五万世帯を超えていた。戸田は短時日のうちに創価学会を日本を代表する仏教教団に育てあげたのである。

戸田の後継者として一九六〇年に第三代会長に就任した池田大作（一九二八～二〇二三）も、戸田の路線を継承して日興門流の教義を一貫して尊重した。その在り方は池田自身が「御義口伝」や「百六箇抄」の講義を行ったところにも表れている。

一九六五年に発刊された『御義口伝講義』上巻の序文で池田は次のように述べている。

「『御義口伝』は、日蓮大聖人の哲学の真髄であり、仏法の奥義を伝える相伝書である。ゆえに、この甚深の相伝は、晩年身延の沢にて、法華経要文を依文として、本因下種、文底独一本門の極説をば、嗣法《しほう》たる御弟子日興上人に口伝せられ、筆述せしめられたものである」

一九七七年に機関誌「大白蓮華」に掲載された「百六箇抄講義」の序文でも池田は次のように述べている。

「『百六箇抄』の内容は、大聖人の仏法における文底深秘の法門を説き明かして余すところなく、釈迦仏法と日蓮仏法との、厳格なまでの種脱相対を白日のもとに照らし出して、一点のかげりもないといえましょう。これこそ、末法の御本仏・日蓮大聖人の胸中に燦然と輝く独一本門の赤光であり、濁悪の未来を照らす久遠の太陽であるとの確信を深くするものであります」

創価学会と日蓮正宗は、時には体質の相違による軋轢《あつれき》はあったが、基本的には相互に協調して進む僧俗和合路線をとってきた。創価学会は日蓮正宗の教義を遵守し、日蓮正宗は創価学会の仏教弘通の実績を尊重してきたのである。戸田会長時代から創価学会は大石寺に伽藍を建立・寄進しただけでなく、各地に多数の末寺を建立して宗門の外護に尽力した（創価学会が日蓮正宗に寄進した寺院は、改築などを含めて三五六カ寺に及ぶ）。この僧俗和合路線のもと創価学会は発展を続け、池田会長時代に学会の世帯数は七五〇〇万世帯を超えるまでになった。

しかし第六十七世日顕（一九二二～二〇一九）は宗門に学会が服従することを要求し、一九九〇年に池田の法華講総講頭職の資格停止を通告。学会からの話し合いの要請も拒否して、翌年、創価学会の破門処分を強行した。処分の理由は、創価学会に何らかの教義上の誤りがあったとするものではなく、法主の絶対的権威を主張し、学会が法主に服従しないことは許されないというものであった。しかし、破門処分の理由とした法主絶対論は、先に見たように日蓮・日興本来の教義ではなく、後世に形成されたものであり、むしろ本来の教義から逸脱したものである。要するに宗門による破門処分それ自体が仏法上何の正当性を持たない不当なものであった。しかも日本と世界に日蓮仏法を流布してきた創価学会を破門したことは広宣流布という日蓮の最大の遺命を放棄するものであり、宗祖日蓮に対する重大な違背となった。結論として日蓮正宗は、創価学会の破門処分を強行したことによって日興門流の正統性を喪失し、日興門流から自ら離脱したのである。

日蓮正宗による破門処分によって創価学会は結果として宗門の束縛を離れたが、日興門流の教義を尊重する基本に変更はなかった。そのことを端的に示すのが、池田が一九九六年から発刊した『法華経の智慧』（全六巻）である。座談形式で法華経二十八品各品を論じた『法華経の智慧』は日蓮正宗が主張する法主絶対論や僧俗差別義などを厳しく批判しているが、一方では日興門流の教義を踏まえて議論を展開している。例えば同書の第四巻では「百六箇抄」の文や「本因妙抄」の概念を用いて論述している。日寛についての言及や引用も全巻にわたってなされており、宗門による破門後も池田が日寛教学に代表される日興門流の教義を尊重する態度を貫いてきたことは明らかである。池田はまた二〇二三年に逝去する直前まで、「大白蓮華」誌上で「世界を照らす太陽の仏法」と題して「御義口伝」の要文講義を掲載し続けた。この事実にも池田の意思を明瞭にうかがうことができよう。

それに対して『教学要綱』は「本因妙抄」「百六箇抄」「御義口伝」だけでなく日寛教学も完全に無視する態度に終始する。その在り方は日興門流に日蓮仏法の正統性を認め、その教義を尊重してきた三代会長の精神と乖離している。池田の逝去直後に発刊された『教学要綱』は池田の監修を得たとしているが、むしろ『教学要綱』の内容は生前の池田の思想とは大きくかけ離れており、同書が池田の監修を謳っていることはいわば池田を利用した態度であると評せられよう。

(11) 僧宝から日興を排除してよいか

全体として日興門流から離脱する志向が顕著な『教学要綱』だが、それは三宝の内の僧宝から日興を排除した点に端的に表れている。これまで創価学会は日興をもって僧宝とし、その上で僧宝を広い意味で論じた場合には三宝を正しく伝持し弘めてきた和合僧である創価学会が広い意味での僧宝に当たるとしてきた(『教学の基礎』一三七頁、『教学入門』二七四頁)。それに対して『教学要綱』では「大聖人が亡くなられた後、大聖人の仏法を正しく継承・伝持したのは、日興上人である。そして、現代において日興上人を範とし、御書の仰せのままに、大聖人の御遺命たる世界広宣流布を推進しているのが創価学会である」(同書一五九頁)としながら、あえて日興を僧宝と規定せず、「現代において『南無妙法蓮華経』を正しく伝持する教団である創価学会が、僧宝に当たる」(同書同頁)としている。なぜ日興を僧宝から外したのか、『教学要綱』には何の説明もない。このこと自体が大きな問題である。

本来、仏宝・法宝・僧宝の三宝は、日蓮仏法だけでなく仏教全体の原則として、日蓮が「三帰五戒は人に生まる」(「十法界明因果抄」四六四頁)とするように、帰依(南無)の対象である。

現行の創価学会「勤行要典」の祈念文に「日興上人に南無し、報恩感謝申し上げます」とあるのは、日興を帰依（南無）する対象としての僧宝として受け止めているものと理解できる。しかし『教学要綱』は、帰依の対象である僧宝と広い意味での僧宝という区別を取り払って直ちに創価学会が僧宝であるとする。『教学要綱』によるならば勤行要典の祈念文も「創価学会に南無し、報恩感謝申し上げます」とでも改変されるのであろうか。

仏教全体の伝統として仏・法・僧の三宝は帰依の対象であるから、僧宝を創価学会とすると創価学会という教団そのものが帰依の対象となりかねない。それでは教団を本尊と同様の絶対の存在とし、教団自体を信仰の対象とする「教団信仰」となるだろう。その志向性は『教学要綱』が「創価学会仏」という言葉を強調している点にも表れている。この言葉は、もともとは将来の話として戸田城聖が語ったものである。『教学要綱』は池田大作の次のような発言を紹介している。

「戸田先生がひとことお話しになりました。たとえば、こういう大勢の学会人がいても、将来、将来といっても、これはいつのことになるかわかりませんけれども、経文が、また仏が出て説かれるときには『創価学会仏』という仏の名前で出ると」（『教学要綱』一九四頁）

この発言に明らかなように、この言葉は将来には創価学会が仏として讃嘆されるような時が来る可能性があるという趣旨で戸田が語ったもので、現在の創価学会が既に仏そのものであるとするものではない。この戸田の元意を離れて創価学会仏という言葉だけを強調すると、今の創価学会が既に帰依の対象となる仏であるとして教団の絶対性・無謬性を主張する論理に用いられる危険がある。

どのような教団であっても教団は所詮、人間の集団であるから、人間集団の判断や行動がどのような歴史状況の元でも絶対に正しく無謬であるなどということはあり得ない。実際に創価学会の歴史においても、例えば「国立戒壇」などのように、従来用いてきた用語でも今後使用しないと公的に表明した例もある（一九七〇年の本部総会での会長講演）。これは、「国立戒壇」の用語を今後、使用し続けることは不適切であり、日蓮仏法の解釈としても誤りになると判断したからに他ならない。絶対無謬の人間があり得ない以上、絶対無謬の人間集団も存在しない。その故に仮に教団自体を帰依の対象にするとしたならば、帰依の対象にしてはならないものを対象にするという意味で、日蓮正宗の「法主信仰」と同列の誤りを犯すことになるだろう。

『教学要綱』は創価学会を僧宝とするが、その僧宝が帰依の対象なのか、そうでないのか、明言しない。いわば意図的に不明確、曖昧な表現にとどめている。創価学会という教団そのものを帰依の対象にするのであれば「法主信仰」と同様の「教団信仰」になりかねず、対象にしないというのであれば、創価学会が僧宝であるのは従来通り広い意味の僧宝という意味になる。その場合には『教学要綱』が僧宝について改変したこと自体が不必要であり、不適切であったということになるだろう。

二〇二三年の時点で『教学要綱』が僧宝を日興から創価学会に改めたので、それならば創価学会の出現以前は僧宝は何だったのかという問題が直ちに生ずる。創価学会の創立以前は僧宝は日興だったが、学会の創立以後は僧宝は学会になったとするのであろうか。それでは僧宝は時代によって変更されるものであるという立場に立つことになる。創立当初の学会（当時は創価教育学会）は会員数は数十人程度だったと思われるが、それでも僧宝とするのだろうか。あるいはある程度の規模に達した段階で僧宝となるのだろうか。その点も明確でない。

日蓮が「真言見聞」で「もし謗法《ほうぼう》ならば、亡国・堕獄疑いなし。およそ謗法とは、謗仏・謗僧なり。三宝一体なる故なり。これ涅槃経の文なり」（八四〇頁）と述べている通り、帰依の対象としての三宝は本来、一体不可分のものである。日蓮仏法においては、仏宝である日蓮と法宝である曼荼羅本尊は人法一箇の故に一体である（『教学要綱』が法宝を本尊から題目に改変したのは身延派と同一にしたものであり、適切でない）。また日蓮と僧宝である日興は師弟不二の故に一体である。このように帰依の対象である三宝は一体であるから仏教の各宗派にとって根本教義そのものであり、時代の変化に応じて適当にコロコロ改変してよいものではない。例えば、仮にそれまで仏宝を釈迦にしていた宗派が歴史の途上で仏宝を釈迦仏から阿弥陀仏や大日如来に変えるようなことをしたならば、そのような宗派はまともな仏教宗派として認められないだろう。宗派の根幹である三宝を改変することは自身の根本教義を否定することであり、その宗派の宗教的自殺に等しい行為となるからである。その意味で『教学要綱』が、今回、法宝や僧宝の教義を十分な説明もなく安易に改変したことは驚くべき態度であり、極めて不適切と言わざるを得ない。

日蓮が「四恩抄」で「僧の恩をいわば、仏宝・法宝は必ず僧によって住す。譬えば、薪《たきぎ》なければ火無く、大地無ければ草木生ずべからず。仏法有りといえども、僧有って習い伝えずんば、正法・像法二千年過ぎて末法へも伝わるべからず」(一二一七頁)と述べているように、仏宝・法宝があっても、それを正しく後世に伝える僧宝が存在しなければ仏法は存立できない。日蓮は全人類を救済する三大秘法の大仏法を確立したが、日蓮の奥底の真意を受け止めてその正統教義を後世に伝えたのは日興ただ一人であり、日興が存在しなければ日蓮仏法は日蓮の入滅とともに消滅している。日蓮がいかに偉大であっても日蓮だけでは日蓮仏法は存在しない。その故に日興門流は日興一人をもって唯一の僧宝と位置づけてきたのである。言うまでもなく、今日の創価学会があるのも日興が存在したからである。もしも日興がいなかったならば創価学会も存在しない。その意味で『教学要綱』が日興を僧宝から排除したのは日興に対する忘恩となるだけではなく、日蓮仏法を後世に伝えた日興の絶対的な重要性を見失ったものと言わなければならない。

帰依(南無)の対象である三宝は、仏宝は根源の法である南無妙法蓮華経を初めて弘通した本仏日蓮、法宝は南無妙法蓮華経を顕した曼荼羅本尊、僧宝は日蓮と師弟不二の後継者日興であり、それを今日に至ってにわかに改変しなければならない合理的な理由はない（もしもそれだけの理由があるならばそれを明示すべきである。その理由を示すこともなく教義の根幹である三宝義を改変するのは仏法の破壊に通ずるであろう）。その帰依の対象である三宝を護持し弘通してきたのが創価学会であるから、創価学会は従来通り広い意味の僧宝と位置づけるのが至当な態度である。

（12）『教学要綱』における誤りと疑問点

『教学要綱』は「学問的研究の成果も取り入れながら」（同書五頁）として学問を尊重しているようなスタンスをとっているが、実際には学問的に初歩的な誤りも少なくない。

例えば、釈迦の初めての説法（初転法輪《しょてんぼうりん》）はベナレス郊外のサールナート（鹿野苑《ろくやおん》）であったとされるが、『教学要綱』が「初転法輪（釈尊の最初の説法）において示された四諦説」（同書二一頁）と述べているのは過去の学説で、今日の学問的立場からは誤りである。中村元博士が「サールナートの説法と四種の真理とが結びつけて考えられたのは、かなり後世のことである」（『ゴータマ・ブッダI』四八九頁）と述べているように、四諦説がまとめられたのは遥か後世のことであり、釈迦の成道直後ではない。このように、ある時代の学問の成果といっても時代が経過すれば過去のものになって否定されるのはどのような学問分野にも言えることであり、ある時点での学問的成果を金科玉条のように捉えて絶対視する態度はかえって大きな誤りを犯す危険がある。

また『教学要綱』は「釈尊の中心的な教えは、苦からの解放である」(同書二一頁)とするが、苦から解放されることを理想とする涅槃《ねはん》説は小乗(部派)仏教の立場であり、大乗仏教の説明としては誤りである。小乗仏教は煩悩を滅することを悟りの境地(涅槃)としたが、現実には人間が生きている限り苦悩がなくなるものではなく、「苦からの解放」などということは観念論に過ぎない。実際には釈迦も日蓮も、入滅の時まで病苦を含めてさまざまな苦悩に向き合っていたのである。大乗仏教の立場は煩悩を滅するのはなく、苦悩を前進・成長の糧とする「煩悩即菩提」「生死即涅槃」である。そのことを日蓮は「普賢経に法華経の肝心を説いて候。『煩悩を断ぜず、五欲を離れず』等云々。天台大師の摩訶止観に云わく『煩悩即菩提・生死即涅槃』等云々」(「四条金吾殿御返事」一六〇六頁)と説いている。

涅槃(ニルヴァーナ)に達すれば三世にわたる輪廻を脱して苦から解放されるという涅槃思想は、中村元博士が「ニルヴァーナの教えそれ自体が、仏教にとっては、当時の他の宗教からとり入れたものにほかならず、一種の方便説にすぎなかった」(『原始仏教の生活倫理』二三九頁)と述べている通り、当時のインド社会に適応するための方便に過ぎない。その意味でも「釈尊の中心的な教えは、苦からの解放である」とする『教学要綱』の主張は不適切である。

また『教学要綱』は「インド仏教では正法・像法という概念が成立し、像法の後には新たな仏が出現して教えを説くと考えられたが、中国においては、像法の後の時代を末法と呼び、仏の教えが滅びる時代とする考えが成立した」（同書六二頁）として、インド仏教には仏の教えが滅びる時代としての末法の概念がないとも読める記述があるが、そのように言い切ってよいか、これにも厳密には問題があろう。

六世紀に成立した大集経には、釈迦滅後二千年以後は「白法隠没《びゃくほうおんもつ》」（大正蔵一三巻三六三頁）になるとして明確に仏の教えが滅びる時代が来るとの思想が説かれており、また「或今現在或復当来。乃至劫尽末法世時」（同二六七頁）と「末法」の語が示されている。また法華経にも「如来の滅後に末法の中に於いて、この経を説かんと欲せば、まさに安楽行に住すべし」（法華経「安楽行品」四三二頁）、「悪世末法の時　能くこの経を持たば」（法華経「分別功徳品」五一三頁）と「末法」の言葉がある。法華経の他にも華厳経、大宝積経《だいほうしゃくきょう》、心地観経《しんちかんぎょう》など「末法」の概念を明示している大乗経典は少なくない。このように見てくるとインド仏教には末法の概念がないというのは言い過ぎになるであろう。

『教学要綱』にはインド仏教について幾つかの誤りがあるだけではなく、法華経や日蓮仏法の理解に関しても多くの疑問点がある。

例えば、神力品における地涌の菩薩への付嘱について『教学要綱』は「如来神力品第二十一において、地涌の菩薩が、釈尊滅後に『法華経』を弘めることを誓うと、釈尊は彼らに『法華経』を託す（付嘱）のである」（同書三〇頁）と述べているが、このような表現では地涌の菩薩が付嘱され弘通する法体が文上の法華経になってしまう。しかし、先に述べたように、地涌の菩薩が弘めるのは文上の法華経ではなく、文底の南無妙法蓮華経である。この点は「御義口伝」に「この『妙法蓮華経』は釈尊の妙法にはあらざるなり。既にこの品の時、上行菩薩に付嘱したもう故なり」（一〇七二頁）、「『能滅』の体とは、南無妙法蓮華経なり」（一〇七四頁）と明示されている通りである。『教学要綱』は「御義口伝」を完全に無視するが、日蓮が弘通したのは文上の法華経ではなく南無妙法蓮華経であることは明白な事実である。それ故に地涌の菩薩が弘通する法体が文上法華経であるように読める表現は読者に誤解を与える恐れがあり、適切ではない。

また不軽菩薩について『教学要綱』は「不軽菩薩（常不軽菩薩）の実践が釈尊自身の過去世の修行として示され、それが成仏の因であったと明かされる」（同書三二頁）とする。不軽菩薩が釈迦が成仏する以前の修行時代の姿であるということは不軽品に説かれる内容だが、『教学要綱』はそれを表面的になぞるだけで終わっている。しかし、日蓮が「波木井三郎殿御返事」に「釈尊、我が因位の所行を引き載せて、末法の始めを勧励したもう」（一八一〇頁）と教示している通り、不軽菩薩とは釈迦の因位の姿という形を用いながら、末法に出現する地涌の菩薩の実践を示すものと解さなければならない。

杖木瓦石《じょうもくがしゃく》の迫害を受けながら逆縁を通して正法を弘通していく不軽菩薩の振る舞いは順縁による化導を基本とした釈迦の弘通とは対照的であり、日蓮が「顕仏未来記」で「威音王仏《いおんのうぶつ》の像法の時、不軽菩薩『我深敬（我は深く敬う）』等の二十四字をもって彼の土に広宣流布し、一国の杖木等の大難を招きしがごとし。彼の二十四字とこの五字とは、その語殊《こと》なりといえども、その意これ同じ。彼の像法の末とこの末法の初めとは、全く同じ。彼の不軽菩薩は初随喜の人、日蓮は名字の凡夫なり」（六〇九頁）と強調している通り、日蓮の弘通と合致している。不軽品が末法における仏道修行の在り方を示すものであるからこそ「一代の肝心は法華経、法華経の修行の肝心は不軽品にて候なり」（「崇峻天皇御書」一五九七頁）とされるのである。それ故に経文上の意味にとどまっている『教学要綱』の説明は日蓮の教示に照らしても不十分であり、不適切である。

『教学要綱』は法華経の文上・文底の区別を意図的に曖昧にし、日蓮が弘通した法体が文上の法華経であり、また文上の法華経によっても成仏が可能になると読み取れる箇所が随所に散見される。

例えば『教学要綱』には次のような記述がある。「大聖人は、ほどなく武家政権の中心・鎌倉に赴き、『法華経』の弘通を開始された」（同書四〇頁）、「大聖人は、『一生成仏』を説き、『法華経』の信仰実践によって、自身の内なる仏界を開発し」(同頁)、「大聖人は最高の教えである法華経を根本とする者は必ず一生成仏できることを明言されている」(同書一一六頁)。当然のことながら日蓮が弘通したのは三大秘法の南無妙法蓮華経であり、文上の法華経を弘めたのではない。また、日蓮が明言している通り、文上の法華経をいかに行じても成仏できるものでもない。

もちろん日蓮において「法華経」の意味は多義的であり、法華経という言葉をもって文上の法華経を意味することもあれば、文底の南無妙法蓮華経ないしは文字曼荼羅本尊を表す場合もある。しかし、その多義性をいわば利用して文上・文底の区別すなわち種脱相対を曖昧にしていく態度は、それ自体が身延派と同じになってしまう。

このように多くの初歩的な誤りや疑問点が散見されるのは、『教学要綱』がごく少数の密室的な議論に終始し、多方面からの検討がなされていないことを物語っている。その意味では『教学要綱』の成立過程そのものに問題があるといえるだろう。

(13) まとめ

『教学要綱』が日蓮を名目だけは「末法の本仏」としながら同時に最後まで「釈迦の使い＝上行」

と規定し、釈迦を日蓮の上位者に置いている所以は、やはり仏教は釈迦から始まるという歴史的事実に囚われたからであろう。歴史的に見れば仏教は釈迦一人から始まるのであり、釈迦がいなければ仏教そのものが成立しない。その歴史的事実に拠る限り、仏教の本源は釈迦以外にはなく、途中から現れた日蓮などが釈迦を超越する根源となりうるわけがないという観念が生ずる。しかし、そのような時間観念は眼前の歴史に囚われたものでしかない。仏教によれば宇宙も含めた万物は生成と消滅すなわち成《じょう》住《じゅう》壊《え》空《くう》を繰り返すものであり、時間は円環的なものであるから、実は前も後ろもない。前後の区別などはなく、万物が無始無終の存在なのである。

インドに生まれた歴史上の釈迦は、内証の境地においては根源の妙法を覚知していたとしても、妙法そのものを明示して人々に説くことはなかった。法華経寿量品によれば、五百塵点劫成道の釈迦仏も妙法によって仏にさせてもらった所生《しょしょう》の仏、本果の仏であり、寿量品の文底に暗示された南無妙法蓮華経こそが諸仏を仏ならしめた能生《のうしょう》の本因である。南無妙法蓮華経を初めて万人に教示した日蓮をもって、本来、南無妙法蓮華経を所持する本因の仏であると捉えるならば、本因妙の教主である日蓮を所生の存在である釈迦を超越する根源仏と位置づけることはむしろ当然の道理となる。人と法は相即したものであり、人の位置づけはその人が説く法(思想)の高低浅深によって決まるからである。

また『教学要綱』が釈迦を日蓮の上位者とするのは、世界においては釈迦を上位に置いた方が創価学会が受容されやすくなるとの判断があると考えられる。実際に世界においては、日蓮はその名前すらまだ十分に知られていない。それに対して仏教の創始者である釈迦(ゴータマ・シッダルタ)の名前は一般民衆にまで広く知られている。そこで、創価学会を世界に展開するためには日蓮を釈迦の委託を受けた使いであるとした方が受け入れられやすいと考えたのであろう。十三世紀の日本に現れた無名の一僧侶である日蓮が(妙法を受持した万人をも含めて)実は釈迦すらも超越する根源仏であるという教義は、バチカンを初めとする世界の宗教界や学術界においては前代未聞の、容易に理解しがたい驚くべき教義であるから、そのような奇想天外とも受け取られかねない教義を前面に打ち出すことは世界的には得策ではないと判断したのではなかろうか。

日蓮を根源仏(久遠元初自受用身)とする日蓮本仏論は、日本の学術界においてもまだ少数派である。日本における日蓮学の研究者はほとんどが身延派を初めとする諸宗派の僧侶であり、日興門流の関係者は極めて少ない。そのようなアカデミズムの世界では日蓮本仏よりも釈迦本仏が主流であることは当然だろう。『教学要綱』は「創価学会の教義を広く社会に対して客観的に説明することに力点」を置き、「学問的研究の成果を取り入れ」ることに努めたという。その言葉からうかがえるように『教学要綱』は学術界から評価されることを意識しているようである。『教学要綱』が真筆ないしは古写本のない御書は判断の材料として採用しないという文献学至上主義を取り、また一大秘法や法宝を本尊から題目に改変するという、身延派に同ず

る態度を見せていることも身延派などの僧侶を中心とするアカデミズムの意向を忖度《そんたく》している
ことをうかがわせる。その態度にはアカデミズムに対するコンプレックスさえ感じられる。
しかし、そのような布教上の便宜的理由や外部からの評価に左右されて自身の宗教の根本教義を改変することは本末転倒以外の何物でもなく、自身の宗教的生命を損ねる自殺行為に等しい暴挙となろう。自身が保持する固有の教義を粘り強く社会に訴え、社会を説得して自身の教義を弘めていくことが宗教本来の在り方であるからである。

日蓮の位置づけについては、
①日蓮が、万人平等の成仏という仏教の人間主義を継承した上で従来の仏教の限界を超えて新たな仏教を創始したという歴史的な位相、
②釈迦仏から末法の仏法弘通を付嘱された上行菩薩に当たるという経典上の位相、
③曼荼羅本尊の中央に「南無妙法蓮華経　日蓮（花押）」と大書し、釈迦・多宝・上行などを左右の脇士に置いた日蓮自身における内証本地の位相、
という三つの位相を立て分ける必要がある。

日蓮は「顕仏未来記」で、釈迦――天台――伝教――日蓮の「三国四師」を仏教正統の系譜とした。これは①の歴史的な位相に当たる。

日蓮は十六歳の時に故郷の天台宗寺院である清澄寺で得度し、更に鎌倉・京都・奈良などの

各地に遊学して、天台宗を中心に当時の日本に伝わっていた仏教学を深く学びとった。それだけでなく三十二歳にして立宗宣言し、釈迦・天台・伝教も成し遂げなかった南無妙法蓮華経の弘通を開始した。日蓮は従来の仏教を継承した上で、その限界を超越した新たな仏教を創始したのである。南無妙法蓮華経は釈迦の教法では救済できない末法の衆生をも救済しうる根源の大法である。人の位置づけはその人の持つ法の高低浅深によって決まるのであるから、歴史的な位相においても既に日蓮と釈迦との相対について「日蓮勝・釈迦劣」という勝劣があることが了解できる。

法華経神力品では久遠実成の釈迦仏から地涌の菩薩、なかんずくその上首である上行菩薩に対する仏滅後の弘通の付嘱（委嘱）が説かれる。末法において法華経の文底に暗示された南無妙法蓮華経を弘通したのが日蓮であるから、日蓮が上行菩薩に当たる。これが②の経典上の位相である。経典上では地涌の菩薩は釈迦仏が久遠の昔から教化してきた弟子と説かれるので（従地涌出品）、経典に従えば上行菩薩はあくまでも釈迦の使い、釈迦から派遣された被委嘱者であり、釈迦の下位に位置づけられる。これが日興門流以外の身延派を初めとする諸門流の理解である。

日蓮は通常の御書においては自身と門下が地涌の菩薩に当たるとして、この経典上の位相を述べることを常とした。これは法華経を用いて自身の弘通の正当性を主張するためである。

ただし法華経を委細に読めば、地涌の菩薩は釈迦仏の単なる弟子や被委嘱者ではない。このことは以前にも指摘したが、従地涌出品において釈迦が地涌の菩薩を指して久遠の昔から化導してきた弟子であるとしたことについて、対告衆である弥勒菩薩が、例えば二十五歳の青年が百歳の老人を指してこの者は自分の子供であると言ったようなもので、到底信じがたいと述べたところにも表れている。

天台大師が『法華文句』で地涌の菩薩を指して「皆これ古仏なり」と述べている通り、地涌の菩薩が経典上で菩薩として登場しているのはあくまでも外に現れた姿（外用《げゆう》）に過ぎず、その本質（内証《ないしょう》）は既に妙法を所持している仏であると解さなければならない。つまり地涌の菩薩は外には菩薩の姿をとる仏、すなわち「菩薩仏」である。従来の仏は、法華経の教主である釈迦仏を含めて色相荘厳の姿をとる、仏果を成就した「本果の仏」「完成者」「到達者」としての仏であった。それに対して菩薩仏は菩薩という未完成の形をとる「本因の仏」である。従って神力品は形の上では仏から弟子への付嘱として説かれるが、その内実は釈迦仏という本果の仏から上行という本因の仏へと教主が交代することを示す儀式と理解すべきなのである。

日興門流も日蓮を上行菩薩の再誕とするが、上行を単なる釈迦仏の弟子とせず、上行の本地を本因妙の仏と捉えるところに他門流との根本的な相違がある。従って『教学要綱』が、身延派などと同様に最後まで日蓮を釈迦仏の使いと位置づけていることは法華経文上の表面的な意味に囚われ、法華経の深意に達していない在り方であるといえよう。

③の日蓮による日蓮自身の内証の位置づけは、中央に「南無妙法蓮華経　日蓮（花押）」と大書し、釈迦・多宝を左右の脇士とした曼荼羅本尊の相貌に明らかである。日蓮の真筆本尊においては釈迦・多宝を省略したものも多数存在する。このことは、日蓮の内証においてはあくまでも南無妙法蓮華経と日蓮が根本であり、釈迦仏は従属的な存在であることを意味している。日興が曼荼羅本尊の書写に当たって常に中央に「南無妙法蓮華経　日蓮　在御判」と記し、この書写様式を門下に厳しく徹底したことは、日興が曼荼羅本尊の相貌に明示された日蓮内証の位置づけを継承していることを示している。

日蓮は個々の門下に宛てた諸御書においては自身の本地を明かさず、「教主釈尊の御使い」「地涌の菩薩のさきがけ」等と経典上の位置づけを述べることを常としたが、これはまだ日蓮仏法の奥底まで理解できなかった門下の機根を配慮したためであった。しかし本尊は教義の根本であるから、曼荼羅本尊の図顕に当たっては個々の門下の機根を配慮することなく、日蓮が覚知した内証真実の法門を顕している。

日蓮が「本尊問答抄」で釈迦を南無妙法蓮華経から生み出された所生の存在とし（三〇四頁）、「諸法実相抄」で「迹仏」と断じている（一七八九頁）ことも③の内証の位相の表明である。また「下山御消息」で日蓮自身について「教主釈尊より大事なる行者」（二九九頁）とし、「竜泉寺大衆陳状」で「法主聖人」（八八一頁）と明言していることも同様である。従って日蓮を「末法の本仏」と規定する場合には、曼荼羅本尊の相貌に示された内証の位相に従って、釈迦仏をも脇士とする、妙法と一体の（人法一箇の）根源仏と位置づけなければならない。『教学要綱』が曼荼羅本尊の相貌に一切論及せず、言葉だけ日蓮を末法の本仏としながら最後まで釈迦仏の使いと位置づけていることは論理矛盾の偽装であり、一種の欺瞞であると言わなければならない。

「久遠元初」「人法一箇」などの重要概念や「本因妙抄」「百六箇抄」「御義口伝」などを一切無視している『教学要綱』は、草創以来、今日まで創価学会が維持してきた教義の根幹を改変する内容となっている。

日蓮正宗から独立した創価学会が日蓮正宗に依存しない独自の教義を形成しようとする意志を持つことは理解できる面もあるが、独自の教義を作ろうとするあまり、自身の基盤となってきた日興門流の根本教義まで掘り崩していることは看過できない。もしも『教学要綱』の方向で教義の改変が進行したならば、創価学会は三代の会長が築いてきたこれまでの学会とは異なる別の教団に変質する恐れがある。『教学要綱』は日蓮正宗を拒否するあまり、日寛教学に代表される日興門流の教義まで否定する内容になっている。しかし、日蓮正宗を拒絶しても日興門流の教義まで否定してはならない。日蓮・日興という師弟の法脈を離れて正しい日蓮仏法は存在しないからである。

実は「学会は日蓮正宗から独立したのだから、学会は日蓮正宗とは異なる独自の教義を持つ必要がある」などと考える必要はない。日蓮が創始し日興が継承した日蓮仏法は全人類に遺されたものであり、日蓮正宗などという一宗派が独占できるものではないからである。日蓮正宗が広宣流布という日蓮最大の遺命を放棄して自ら日興門流から脱落したのであるから、創価学会は従来通り日蓮仏法の根本教義を堅持してそれを流布していけばよいのである（教義の説明には時代に即応した現代的な展開が必要であるとしても）。

『教学要綱』は重要教義を改変していることを何一つ明言せずに隠蔽し、改変の理由も一切説明していない。要するに従来の教義から大きな変更があることを読者に気づかせず、従来の教義を学んでいない人が読んだ場合には『教学要綱』の内容があたかも創価学会本来の教義であると受け取るような仕掛けになっている。一般的に言えば、宗教の教義でも時代の変化に対応して変更されるべき面もあるだろう。しかし、その場合にも会内で十分な議論を尽くすべきである。その逆に、会員に気づかせないよう、こっそりと教義改変を進める態度は「だまし」と言われても止むを得ないだろう。

『教学要綱』が示した教義の改変に自信があるのであれば、その変更内容を会内に広く徹底する『教学要綱』の学習運動が展開されてしかるべきである。しかし、そのような学習運動は一切行われていない。このような態度は、教義改変に確信を持てず、むしろ「後ろめたさ」を持っているように感じられる。教義改変を会内に徹底せず、既成事実を積み上げる形で会員が気がつかないうちに教義改変を定着させようとする在り方は欺瞞的ともいえよう。

『教学要綱』の発刊に至る過程（プロセス）が不透明で、教団内での議論が一切なされていないことも問題である。『教学要綱』を編纂した『創価学会教学要綱』刊行委員会の実態も会内の位置づけも不明である。創価学会会則の第11条では「会長は、教義および化儀を裁定する。この場合、師範会議および最高指導会議に諮問するものとする」と規定している。「諮問」とは「有識者または特定の機関に意見を求めること」（『明鏡国語辞典』）を言う。『教学要綱』の発刊に当たって師範会議は開催されているが、『教学要綱』についてどこまで実質的な議論がなされたのか、どのような意見が出されたのか不明であり、最高指導会議については開催されたという発表もない。多くの根本教義を改変している『教学要綱』の発刊に際して師範会議が形だけのものとなり、最高指導会議も開催されていないならば、それ自体が会則違反であり、手続き上の瑕疵《かし》とされる可能性がある。

現行の会則によれば会長に教義の裁定権があるとされるが、どのような教義でも裁定してよい（無限の教義裁定権）ということではないだろう。これまで根源仏（久遠元初自受用身）としてきた日蓮を釈迦仏の使いとして釈迦仏の下位に位置づけたこと、また帰依の対象として三者が一体である三宝のうち法宝と僧宝の内容を改変したことなどは宗教団体として保持すべき教義の同一性を損なうほどの重大な改変であり、教義裁定権の限界を超える逸脱とされ、手続き上の瑕疵と合わせて法的には無効となることさえ考えられる。

そもそも宗教の教義はそれぞれの信仰者にとって人生観・価値観を形成する根幹となるものである。各人の信仰生活の生命ともいうべき根本教義が事前の説明もなく突然改変され、その受容を要求されるような事態は、心の静穏を害するという意味で宗教的人格権の侵害となる恐れすら生ずるのでなかろうか。

以上、『教学要綱』の問題点について、さまざまな観点から述べてきた。結論として今回の『教学要綱』は、①日蓮を釈迦仏の下位に置き、三宝のうち法宝と僧宝の内容を変更するなど、十分な説明もなく創価学会の根本教義を改変している、②学問的にも、日蓮仏法の理解の上でも、誤りや疑問点が多い、③手続きを含めて法的にも問題が生ずる可能性がある、などの理由から、会の公的な教義書としては不適切であり、早急に撤回すべきと考える。仏教以前の孔子ですら「過ちては改むるにはばかることなかれ（過ちを犯した場合には改めることをためらってはならない）」（『論語』学而篇）と述べている。どのような団体でも絶対無謬などということはありえず、それぞれの歴史の中で試行錯誤があることは当然である。不適切なものが生じた場合には率直に撤回し、改めることが誠実な態度であろう。

「はじめに」でも述べたが、筆者を含めて学会員は創価学会によって正しい日蓮仏法を知り、幸福の人生軌道を歩むことができた。これまで日蓮仏法を日本と世界に弘通してきた創価学会が、これからもその宗教的な「正しさ」を損なうことなく発展していくために少しでも役に立てればとの心情から本書を執筆した。その筆者の微意を汲み取っていただければ幸いである。

付論1 『教学要綱』に関する会長宛て書簡

拝啓

朝晩は秋の気配も感じられる昨今となりましたが、ご健勝でご活躍のことと存じます。

さて、このたび、『創価学会教学要綱』について私なりに考えたことをまとめた小著をアマゾンのペーパーバックで出版しましたので、贈呈させていただきます。ご一読いただければ幸いです。

端的に申し上げて『教学要綱』の内容にはさまざまな問題があり、創価学会の教義を将来にわたって規定する「教義書」としては適切でないと思われます。

『教学要綱』を作成した中心は創価大学名誉教授の宮田・菅野両氏であると聞いておりますが、両氏は研究者としての立場から、日蓮学アカデミズムの主流である身延派日蓮宗から批判されることを恐れて、ひたすら身延派に忖度している態度が顕著です。そのために『教学要綱』全体が身延派の教義に同化していると判断されます。

例えば『教学要綱』では日蓮大聖人について、最後まで「上行菩薩としての役割を果たす立場である」（同書四三頁）として「日蓮＝上行菩薩」との認識を貫いていますが、大聖人を釈迦仏から末法弘通の役割を託された「釈迦仏の使い」であるとする認識は身延派の教義そのものです。これまで創価学会は、大聖人が上行菩薩であるというのはあくまでも外用《げゆう》の姿であり、大聖人の内証は久遠元初自受用報身如来であるとしてきましたが（二〇一五年創価学会教学部編『教学入門』一七一頁）、『教学要綱』は「久遠元初自受用身」の用語を一切用いず、従来の立場からすれば専ら外用の位置づけにとどまっております。

もちろん『教学要綱』も大聖人について「末法の御本仏」としていますが、それはあくまでも「釈迦仏の使い」としての存在であって、従来のように久遠元初自受用身という根源仏としての意義づけにはなっておりません。

大聖人を上行菩薩の再誕と位置づけ、「釈迦仏の使い」とすることはあくまでも法華経文上での話であり、曼荼羅本尊の中央に「南無妙法蓮華経　日蓮（花押）」と大書し、釈迦仏と多宝如来を左右の脇士の位置に置かれた大聖人の内証の教示とはかけ離れております。

また『教学要綱』は「一大秘法」と「法宝」についても従来の曼荼羅本尊から南無妙法蓮華経の題目に改めておりますが、拙著で詳しく述べました通り、これもまた身延派の教義そのものです。このように『教学要綱』では身延派と同化している内容が余りにも目立ちます。

『教学要綱』が「本因妙抄」「百六箇抄」「御義口伝」の名前すら出していないことも、これらを偽書としている身延派から突っ込まれることを恐れる『教学要綱』執筆者の在り様を示していると思われます。

日寛上人の教示に対しても『教学要綱』は多くの点で違背しており、「本因妙抄」などの相伝書を一切無視していることと合わせて、『教学要綱』が日興門流から離脱する志向性を持っていることは誰の目から見ても明らかです。

日蓮正宗から離れて三十年以上経過した今日、『教学要綱』が日蓮正宗を否定して創価学会独自の教義を形成しようとする意図は理解できますが、日蓮正宗を拒絶するあまり日興門流の根本教義まで日蓮正宗と一緒くたに否定するのは誤りであると思われます。なぜならば、創価学会は創立以来、日蓮・日興という師弟不二の血脈に日蓮仏法の正統性があるということを大前提にして今日まで存在してきたからです。

形式的には今でも日興門流の教義が日蓮正宗の教義になっておりますが、日蓮正宗が邪教化したからといって日興門流の教義自体までが初めから間違いであるということにはなりません。日興門流そのものが邪義であったというのであれば、創価学会そのものが当初から間違いだったということになるからです。

拙著でも述べましたように、日蓮正宗は創価学会の破門処分を強行したことによって日蓮大聖人と日興上人に違背し、日興門流としての正統性を喪失したのであり、日蓮正宗と日興門流の教義は立て分けて考えなければならないと思います。日蓮正宗が邪教となったとしても、日興門流の教義の正しさは揺らぐものではありません。日興上人が後世に正しく伝えられた日蓮仏法は日蓮正宗などという一宗派の占有物ではなく、人類全体のために遺されたものであるからです。

創価学会は日蓮正宗などに囚われず日蓮大聖人と日興上人の御教示通りに日蓮仏法を実践してきたが故に、その信心に偉大な功徳が現出したと確信しております。しかしながら今後、創価学会が日興門流の教義を捨てて身延派などと同調する事態が生じたならば、これまでの功徳と成仏の道を閉ざすことになりかねないと憂慮せざるを得ません。

『教学要綱』は、日蓮大聖人について言葉だけ「末法の御本仏」と称しながら、あくまでも「釈迦仏の使い」と位置づけ、「一大秘法」「法宝」の内容を身延派と同一にし、「僧宝」から日興上人を排除しました。これほど重大な教義の改変を行いながら、師範会議や最高指導会議など、会内で十分な議論がなされた形跡が見られません。創価学会の根本教義を変える重要問題を一部の研究者ら一握りのメンバーによる議論だけで決定してよいのでしょうか。

日蓮正宗が邪教と化した今日、正しい日蓮仏法は創価学会にしかありません。しかし、その創価学会が『教学要綱』の路線を突き進んで日興門流から離れ、身延派と同化していったならば、それこそ仏法消滅となってしまいます。本当にそれでよいのでしょうか。それとも、相伝書や「御義口伝」などを一切無視していても『教学要綱』は身延派と同化しておらず問題ないと確信しておられるのでしょうか。

現在でも「創価新報」「聖教新聞」の教学解説記事、また「観心本尊抄」の解説書など、既に『教学要綱』の路線に沿って作成されているように見受けられますが、それは危うい事態と思っております。ここまで『教学要綱』の問題点が明らかになった以上、『教学要綱』を教学の基準にすることを一旦停止して、池田先生が後世のために遺された『法華経の智慧』やかつての『教学の基礎』の線に戻すべきであると考えます（「戒壇の本尊」の扱いなどは改めなければなりませんが）。

『教学要綱』の問題は、創価学会の命運に関わる重大問題です。ひとたび出版した以上改められないとするのではなく、いちど撤回して、再度、会内全体で十分に熟慮・検討していくべきではないでしょうか。

私は、十一歳の時に母に導かれて創価学会に入会して以来、今日で六十一年になります。その間、日蓮大聖人の大仏法の功徳に浴し、宿命転換と一生成仏の道を歩んでくることができました。正しい仏法を教えてくれた創価学会と三代会長に限りない大恩を感ぜずにはおれません。創価学会がこれからも仏法上の「正しさ」を堅持して発展していって欲しいとの心情から、拙著とこの書簡をしたためました。

会長におかれましては、会の未来のため、なにとぞ賢明な御判断をくださいますよう、お願い申し上げます。

敬具

二〇二四年九月十二日

原田稔様

須田晴夫拝

付論2　男子部教学室「論考」への応答

二〇二四年十月、聖教新聞電子版などで創価学会男子部教学室による「『教学要綱』は創価ルネサンスの集大成」と題する論考が発表された（以下「論考」と略す）。『教学要綱』を全面的に擁護し、拙著「『創価学会教学要綱』の考察」と筆者による会長宛て書簡を批判したものである。この「論考」には『教学要綱』以上に『教学要綱』の本音が露骨に表れていると思われるので、それについての私見を述べておきたい。

まず「論考」は拙著について単に「〝批判本〟」とするだけで拙著の書名もきちんと示していない。少なくとも特定の書物を批判するのであれば、読者に対して批判対象の書名を明示するのが常識であり、それをしないのは公正を欠いている。この点において「論考」の不誠実さが表れている。

○法華経文上に囚われた『教学要綱』

「論考」はまず拙著による『教学要綱』に対する批判について、〝『教学要綱』は日蓮を「釈迦仏の使い」と位置づけ、その下位に置いている〟という批判であるとし、次のように『教学要綱』を擁護する。

「『教学要綱』では、あくまで御書に基づき、「大聖人は、自身を『如来の使い』『教主釈尊の御使い』と位置づけ」（『教学要綱』四五頁）て、「自身こそ上行菩薩の働きを行う者であるという自覚」（同）をもって、末法の万人成仏の法を確立されたことを示している。つまり、大聖人御自身が自らを『釈迦仏の使い』と位置づけられていることに論及したものであり、それをもって上記のように批判するのは、明らかな誤読であるといえる。氏の批判は、この誤読を土台に展開されているため、全く説得力のないものである」

日蓮が一般の御書においては法華経文上の内容に基づいて自身と門下を「地涌の菩薩」「釈迦仏の使い」としたことは周知の事実である。しかしそれは、あくまでも自身の化導の正当性を裏づける手段として法華経を用いたに過ぎない。日蓮の教義は「開目抄」に「一念三千の法門は、ただ法華経の本門寿量品の文の底にしずめたり」（五四頁）とあるように法華経文上のみで把握できるものではなく、文底の次元から捉えなければならない。日蓮が化導の手段として用いた文上の次元に囚われ、文底に示された日蓮の内証の教義を理解できないのが『教学要綱』であり、身延派である。日蓮が釈迦仏の使いであるならば、主人である釈迦仏が日蓮よりも上位にあり、使いである日蓮が下位にあるのは当然の道理である。拙著はこの当然の道理を述べたまでで「誤読」でも何でもない。「論考」が拙著について「明らかな誤読である」というならば、拙著のどの箇所がどのような理由で「誤読」なのか、具体的に示すべきである。それをしないで漠然と「誤読である」と非難するのは、要するに拙著の印象を貶めようとする誹謗中傷に過ぎない。

『教学要綱』は最後まで「日蓮は釈迦仏の使いである」という主張に固執するが、それは身延派の教義と全く同一である。そのような理解では「南無妙法蓮華経　日蓮（花押）」と中央に大書し釈迦牟尼仏と多宝如来をその左右の脇士の位置においた曼荼羅本尊の相貌の意味を説明することができない。『教学要綱』の立場では、使い（日蓮）が中央の大きな形で存在し、主人（釈迦仏）が脇士の位置に小さく置かれるという、道理に合わないことになってしまうからである。曼荼羅本尊の相貌を虚心坦懐に見るならば、日蓮こそが南無妙法蓮華経と一体の根源仏（本仏）であり、釈迦仏はそれに対して二義的な迹仏であると受け止めることが自然なのである。このように、日蓮＝本仏、釈迦＝迹仏という勝劣を明確にする日蓮本仏論が日蓮・日興以来の根本教義であることを知らなければならない。

○教団と教義を区別する必要

日蓮を釈迦仏を超越した根源仏とする拙著の主張に対し、「論考」は「これは宗門教学そのものであり、大聖人の御書や日興上人の著作に基づいたものではない」とする。

ここで「宗門教学」という言い方が問題である。「宗門教学」と言うと、人間集団である教団とその思想的基盤である教義を一体視する見方になるが、私は教団と教義は次元を異にするものとして立て分けるべきであると考える。

一九二八年（昭和三年）に牧口・戸田の両会長が日蓮正宗に入信したことが創価学会創立の淵源になるが、両会長が日蓮正宗の信徒になったのは、日蓮正宗という教団には葬式仏教化などの問題はあるが、その基盤となっている日興門流の教義は日蓮仏法を正しく伝えているとの判断があったからに他ならない。実際に創価学会は創立当初から会員の指導は会独自で行い、日蓮正宗という教団に委ねることはなかった。しかし日蓮正宗の教義はどこまでも尊重し、学会と宗門は宗門による破門処分まで僧俗和合路線のもとで歩んできたのである。日蓮正宗は創価学会を破門することで広宣流布という宗祖最大の遺命を放棄し、日蓮に違背する邪教と化したが、日蓮から日興に伝わった教義まで破門処分によってその時から邪義になるという道理はない。正しい教義は時代がどのように変動しようとどこまでも正義であり、途中で邪義に変わるものではないからである。逆に、当初から邪義である教義が途中で正義に変わることもない。例えば念仏や真言宗の教義は初めから邪義であり、その上に成立している念仏や真言宗の教団は当初から邪教である。

従って、邪教化した日蓮正宗を拒絶することは当然だが、教団と教義を一緒くたにして日蓮から日興に伝えられた教義まで否定することは間違いである。その教義まで邪義としたならば、創価学会が当初から邪教だったことになるからである。ところが『教学要綱』は、日蓮正宗を拒絶するあまり、今日まで創価学会が基盤としてきた教義まで否定する内容になっている。日興と五老僧の根本的な相違（五一相対）があるから、日興門流の教義から離れようとすれば自ずから五老僧の立場に近づくことになる。『教学要綱』が多くの点で身延派の教義に同化しているのもその故であろう。

日蓮を釈迦仏も超越した根源仏とすることについて「論考」は「大聖人の御書や日興上人の著作に基づいたものではない」とするが、実際には「妙密上人御消息」では釈迦は末法の衆生を救うことのできない仏であると断じ（一七〇八頁）、「諫暁八幡抄」では日蓮が釈迦仏に勝る存在であることが示されている（七四七頁）。「下山御消息」では日蓮自身を指して「教主釈尊より大事なる行者」（二九九頁）とし、「竜泉寺大衆陳状」では「法主聖人」（八八一頁）と明言している。「新池御書」では「釈尊程の仏にやすやすと成り候なり」（二〇六八頁）とする。このように日蓮勝・釈迦劣の思想は日蓮自身の御書にもうかがうことができる。日蓮本仏論は日蓮仏法の奥義であるため、日興は自身の著作で明言することは慎重に抑制したが、曼荼羅本尊の中央に「南無妙法蓮華経　日蓮　在御判」と大書し、釈迦・多宝を脇士の位置に置く本尊書写の様式を門流全体に徹底したことは日蓮による曼荼羅図顕の様式をそのまま踏襲したもので、そこに日興が日蓮勝・釈迦劣の立場に立っていたことが示されている。

なお「論考」は「日蓮大聖人は、釈尊を根本の仏として最大に敬い、その教えを正しく拝したうえで」などと述べているが、日蓮が釈迦を根本の仏として敬ったとするのは釈迦本仏論そのものであり、曼荼羅本尊において釈迦・多宝を「南無妙法蓮華経　日蓮」の脇士とした日蓮内証の教義に違背していることは明白である。このような表現の一端にも釈迦を根本にして日蓮の上位に置く『教学要綱』の思考が表れている。

○仏の「教え」に勝劣があるのは明白

また「論考」は「釈尊も大聖人も、根本の法である南無妙法蓮華経によって仏になったのであり、上下・勝劣関係にあるものではない」とするが、これは仏の悟りと実際の教えの相違を無視した暴論である。あらゆる仏は妙法を覚知して仏に成ったのであるから、覚知の内容において一致していることは当然である。しかし、それぞれの仏の教説は各時代の状況に応じたものであるから、そこには自ずから勝劣の相違が生ずることになる。衆生の機根が高く、罪業の病が軽い時代では低い教えでも衆生を救うことができるが、機根が劣悪で謗法の病が重い時代にはより勝れた教えを用いなければ衆生を救済することはできない。衆生の病の程度によって仏の教えの勝劣が生ずるのである。この道理を日蓮は「妙法曼荼羅供養事」で「病によりて薬あり。軽病には凡薬をほどこし、重病には仙薬をあたうべし」（一七二六頁）と明示している。

文上法華経の教主である釈迦仏が説いたのは文上の法華経だが、日蓮が「今、末法に入りぬれば、余経も法華経もせんなし、ただ南無妙法蓮華経なるべし」(「上野殿御返事」一八七四頁)と説いたように、末法において文上の法華経などをいかに行じても成仏できるものではない。それ故に日蓮は末法の万人を救う大法である南無妙法蓮華経を弘めたのである。法によって人(仏)の位格が決まるのであるから、文上法華経しか説かない釈迦仏と南無妙法蓮華経を弘通した日蓮の勝劣は明白であると言わなければならない。

「仏に勝劣はない」とするのは、あたかも「釈迦も日蓮も同じ人間だ。だから勝劣はない」と言っているようなもので、それは法門でも教義でもない。釈迦と日蓮に上下・勝劣はないというのであれば釈迦を拝んでも何ら問題ないことになってしまう。日蓮が自身を指して「下山御消息」で「教主釈尊より大事なる行者」(二九九頁)としているのは自身と釈迦の教法に勝劣の相違があるからに他ならない。

また「論考」が「釈尊も大聖人も、根本の法である南無妙法蓮華経によって仏になった」とするのは仏法の初歩についても無知をさらけ出している。法華経寿量品において釈迦仏は五百塵点劫という長遠の昔に初めて成仏という結果(仏果)を得たと説かれる。結果がある以上、原因がある道理だが、その成仏の原因(仏因)は「我本行菩薩道」の文に示されている。すなわち釈迦仏は菩薩の時に修行した根源の妙法(南無妙法蓮華経)によって仏果を得た本果の仏である。しかし、日蓮は南無妙法蓮華経によって仏になった仏ではない。立宗の当初から南無妙法蓮華経を弘めた日蓮は諸仏を成仏させた仏因である南無妙法蓮華経を本来所持している本因の仏である。日蓮が十六歳の時に覚知したというのは自身が妙法と一体の仏であることを覚知したのである。そこで、日蓮について南無妙法蓮華経によって仏になったと捉えるのは本果と本因の区別を無視した「因果否定」となる。因果は仏教の根本であり、因果を否定したならば仏教にならない。

拙著でも述べたように、南無妙法蓮華経は人格のない単なる理法ではない。南無妙法蓮華経に人格性が具わるからこそ「三世の諸仏の師範」(「煩悩即菩提の事」一五二〇頁)となりうるのである。南無妙法蓮華経に具わる人格は無始無終の根源仏であり、それを「本因妙抄」「百六箇抄」などの相伝書は「久遠元初自受用身」と表現したのである。

○『教学要綱』は改変教学の「集大成」

また男子部教学室の「論考」は『教学要綱』について「この30年の『創価ルネサンス』の集大成ともいえるもの」とする。一九九一年の日蓮正宗による破門以来、創価学会は宗門に対して教学的にも思想戦を行ってきた。その最初の試みが一九九五年二月から「大白蓮華」誌上で連載が開始された『法華経の智慧』である。同書は、池田名誉会長を中心に、私も含めた当時の教学部幹部三名との座談形式で述べられた著書である。四年余にわたって続いた『法華経の智慧』では日蓮正宗における法主信仰や僧俗差別、化儀の悪用などを厳しく破折しているが、一方では「本因妙抄」「御義口伝」などの相伝書を尊重し、日興から日寛に至る日興門流の教義を遵守する態度に終始した。それを受けて二〇〇二年に創価学会教学部がまとめた『教学の基礎』でも、宗門を厳しく批判しながら、同時に『法華経の智慧』と同様に「人本尊」「法本尊」「人法一箇」「因果倶時」「久遠元初自受用身」などの概念を堅持し、日寛教学に代表される日興門流の教義を尊重している。

ところが、池田名誉会長が公の場に姿を見せなくなった二〇一〇年以降、創価学会の教学に変調が生ずる。例えば、任用試験の教材には従来「五重の相対」が入っていたが、二〇一四年の任用試験では出題範囲から外されている。「本迹相対」「種脱相対」という日蓮仏法の基本が学ばれなくなったのである。また同年の会則改訂の際、学会教学部が発表した解説文には「日寛上人の教学を見直していく」との言明があり、その頃から「人法一箇」の概念が聖教新聞や大白蓮華の記事に出なくなった。二〇一五年発刊の『教学入門』にも「人法一箇」の概念はなく、「五重の相対」の説明もない。「人本尊」「法本尊」を述べた部分（同書一九七頁）は二〇一七年の初級試験教材になった時には削除されている。二〇一七年発刊の『教学用語集』にも「人法一箇」「人本尊」「法本尊」の概念は全く無視されている。二〇二一年に出された『御書全集新版』では旧版御書全集において「相伝書」と位置づけられてきた「本因妙抄」「百六箇抄」などが「伝承類」に格下げされている。

要するに二〇一四年以降、学会の教学はこれまで堅持してきた日興門流の教義から離れる方向に改変されていることが分かる。今回の『教学要綱』はまさにこの改変教学の「集大成」というべきものになっている。それは学会教学の「伸展」などではなく、むしろ厳しく退けなければならない「改悪」と言うべきものである。

○「人法一箇」「久遠元初自受用身」は日蓮を神格化する用語ではない

「論考」はまた「人法一箇」「久遠元初自受用身」の用語について「大聖人を神格化・神秘化する用語」と述べている。しかし「人法一箇」「久遠元初自受用身」がどうして日蓮を神格化・神秘化する用語と言えるのか、何の説明もない。

法華経法師品に「経巻の住する所の処には(中略)、此の中には已に如来の全身有《いま》す」(法華経三六三頁)とあり、普賢経に「此の経を持《たも》つ者は、即ち仏身を持ち」(同六九七頁)とある。また天台大師も「法華文句」で「法を持するは即ち仏身を持するなり」(大正蔵三四巻一四二頁)と述べているように、法と人(仏)が相即・一体であることは仏教の通規である。『教学要綱』はまだ「人法一箇」を無視するだけで明白に否定していないが、「論考」は「人法一箇」を明確に否定している。それは法と人を分離させる立場だが、人を離れた理法は単なる観念上の抽象概念に過ぎず、実体を持つものではない。現実にはあくまでも人に即して法の働きも現れるのである。

また「久遠元初自受用身」とは五百塵点劫以前の一時点に存在する仏身ではなく、時間を超越した無始無終の根源仏を意味する。日蓮仏法はこの根源仏の生命が日蓮のみならず妙法を受持した万人の上に現れるとする万人の平等と尊厳を説く思想である。従って「人法一箇」「久遠元初自受用身」の用語をもって日蓮を神格化・神秘化する用語であるとする理解は根本的に誤っている。

○「論考」は日興門流の相伝書を否定

さらに「論考」は「百六箇抄」「本因妙抄」などの相伝書が「宗門の法主信仰の温床になってきた」とするが、何を根拠にそのように主張するのか、何の裏づけも提示しない。相伝書の文の中には後の法主信仰に繋がる文もあるが、しかしそれらは御書全集の中で小字によって示されていることが示すように、全て旧版御書全集の編者・堀日亨が後世に追加された部分と判断した「後加分」である。相伝書の本体部分に法主信仰に通ずる文はない。「論考」が後加分と本体部分の区別を意図的に無視して相伝書を「法主信仰の温床」などと貶めているのはアンフェアであり、極めて不誠実な態度という以外にない。

『教学要綱』は日興門流の相伝書をただ無視するのみで明確に否定していないが、「論考」は「宗内でしか通用しない相伝書に依拠するのでは、普遍的な説明にはならない」として、『教学要綱』の立場を超えて相伝書を全面的に否定する立場に立つ。「本因妙抄」などの相伝書は日興在世中に成立し、日興門流の初期から日興門流の根本教義を明示している教義書である。その相伝書を「宗内でしか通用しない」ものとして否定することは取りも直さず日興門流の教義全体を否定することになるだろう。翻って「論考」の言う「普遍的な説明」とは何か。それは要するに世間一般に通用する説明ということである。日蓮学において世間一般に通用する説明とは、身延派の僧侶が中心になっているアカデミズムで通用している見解を意味する。つまり相伝書に依拠している日興門流の教義などは社会的に通用している学問の批判に耐えられないから用いることはできないという主張に他ならない。これでは日蓮から日興に伝えられた信仰よりもアカデミズムを優先する「学者教学」になってしまう。

歴史的に見ても日興門流は五老僧を淵源とする身延派などの諸門流に対して常に少数派であった。それ故に世間を判断基準にしたのでは日興門流は当初から存在しない。他門流が社会的・学問的にはどれほど優勢であろうとも、それに囚われることなく、日興が日蓮から継承した独自の教義を貫いてきたのが日興門流の信仰である。もちろん学問は尊重すべきものだが、その時の学問的見解が絶対の基準になるものではない。ある時の支配的な学説であっても時代の推移とともに過去のものとなり、否定されることは学問の分野を問わず常に見られることだからである。

○文献のみでは奥底の教義は把握できない

また「論考」は『教学要綱』では、論拠とする御書は、日蓮仏法の骨格というべき十大部を中心としている」とする。十大部が重要であることは当然だが、しかし日蓮仏法の教義は文献に示された一般の御書だけで解明し尽くせるものではない。仏教全般においても教義は文献上で示されるものだけではなく、文献に示されない相伝や口伝（口決）があることは常識である。天台の『摩訶止観』に「この中、皆口決を須《もち》ふ」（大正蔵四六巻五〇頁）とあり、伝教の『守護国界章』に「鏡像円融の義、口決にあらずんば解せず」（『伝教大師全集』第二巻二六六頁）とあるように、天台や伝教も口伝によって教義を示すことを行ってきた。日蓮も経文や天台・伝教らの文を「文証」として尊重したが、決して文献一辺倒ではなく、同時に一般文献に示されない口伝、相伝によって教義を教示した。

例えば「聖密房御書」の中で中国華厳宗の澄観を破折した箇所では「澄観は持戒の人、大小の戒を一塵をもやぶらざれども、一念三千の法門をばぬすみとれり。よくよく口伝あるべし」（一一九九頁）と述べている。また「曽谷入道殿許御書」では「慧日大聖尊、仏眼をもって兼ねてこれを鑑みたもう故に、諸の大聖を捨棄し、この四聖を召し出だして要法を伝うるなり。末法の弘通を定むるなり。問うて曰わく、要法の経文いかん。答えて曰わく、口伝をもってこれを伝う」（一四〇一頁）とある。また「一代聖教大意」では法華経について「この経は相伝にあらざれば知り難し」（三三八頁）と述べ、「答う。予の習い伝うるところの法門、この答えに顕るべし。この答えに、法華経の諸経に超過し、また諸経の成仏を許し許さずは聞こうべし。秘蔵の故に顕露に書かず」（三四三頁）として秘蔵の法門は書面に記さないとの在り方を示している。秘蔵もちろん日蓮は伝教の「仏説に依憑《えひょう》して口伝を信ずることなかれ」という「法華秀句」の文を繰り返し引用していることからも分かるように、いわゆる「天台本覚思想」のように口伝のみを尊重して文献を無視する口伝主義の立場ではない。また文献に全てが尽くされているとする文献至上主義をとるものでもない。いわば両者を止揚する立場に立っていたと捉えるべきであろう。

日蓮は文献至上主義を否定しているので、文献に現れた御書のみでは日蓮仏法の奥底の教義を把握することはできない。例えば「南無妙法蓮華経」の下に「日蓮　在御判」と記す日興門流独自の曼荼羅本尊書写の様式も十大部などの一般御書には一切説かれていない。この本尊書写の様式は日蓮から日興に相伝された内容によって初めて明らかになるのである。それを示す相伝書が「御本尊七箇相承」(『富士宗学要集』第一巻三二頁)である。十大部などに説かれる法門の真の意味も、文上・文底の区別を峻別し、種脱相対を明確にした相伝書の視点を踏まえた時に初めて明らかになる。『教学要綱』が相伝書を無視して十大部を論拠の中心にしたところに『教学要綱』の仏法理解が文上次元に留まっている所以があるといえよう。

○『教学要綱』の「日蓮本仏論」は言葉だけ

さらに「論考」は、『教学要綱』が日蓮を「末法の御本仏」と仰ぎ、曼荼羅本尊を立てていることをもって「身延派とは明確に異なるものである」としている。しかし『教学要綱』のいう末法の本仏は『法華経の智慧』が述べているような根源仏（久遠元初自受用身）ではない。『教学要綱』は最後まで日蓮を「釈迦仏の使い」としているので、結局、日蓮は釈迦仏から末法の弘通を委嘱された存在にとどまる。日蓮を「釈迦仏の使い」とすることは身延派と同一であり、それ故『教学要綱』のいう日蓮本仏論は言葉だけのものである。名前だけで実体がない（有名無実）、偽装の日蓮本仏論と言わなければならない。

また曼荼羅本尊を立てることについても『教学要綱』は「人法一箇」の法理を認めないので、曼荼羅本尊が日蓮と一体不二である仏の当体にならない。曼荼羅本尊即ち日蓮と信ずることによって本尊との感応道交が可能となる。「論考」が言うように釈迦も日蓮も上下・勝劣はないとすれば、場合によっては曼荼羅本尊ではなく釈迦の仏像を拝んでも差し支えないことになりかねず、曼荼羅本尊を本尊とする理由が脆弱になってしまう。

○法宝と僧宝に関する教義変更は明らか

また「論考」は、『教学要綱』は法宝と僧宝を変更しているとの拙著の主張について「そのような指摘は当たらない」とし、法宝に関して「これまでの学会教学では、法宝について『南無妙法蓮華経』と『南無妙法蓮華経の本尊の二つの側面から説明してきた」とするが、これは事実ではない。このように言うのであれば、どこにそのような説明があったのか、明確な根拠を示すべきである。近年、創価学会から発刊されてきた教学の解説書を見ても、『仏教哲学大

辞典　第三版』（二〇〇〇年）、『教学の基礎』（二〇〇二年）、『教学入門』（二〇一五年）、『教学用語集』（二〇一七年）の全てが法宝について「御本尊」と明記している。従って『教学要綱』が南無妙法蓮華経をもって法宝とした（同書一五八頁）のは法宝に関する教義の変更以外の何物でもない。

僧宝についても上記の教学解説書は全て「日興上人」と明示している。しかし、『教学要綱』が「日興上人を範とし」（同書一五九頁）としながら「創価学会が、僧宝にあたる」（同頁）として日興を僧宝から排除していることは明白な事実である。範とすることと僧宝に当たるとすることは同じではない。それ故に僧宝についても教義の変更があることは明らかというべきである。

○「一大秘法＝南無妙法蓮華経」の解釈は無理

一大秘法についても「論考」は「『曽谷入道殿許御書』では一大秘法は『南無妙法蓮華経』であることが明確に示されている」とするが、同抄の文を見れば明らかなように、一大秘法が南無妙法蓮華経であるとは明確に示されておらず、一大秘法＝南無妙法蓮華経とするのは『教学要綱』による一つの解釈に過ぎない。『曽谷入道殿許御書』の文は次のようなものである。

「大般涅槃経に云わく『末法に入って不孝・謗法の者、大地微塵のごとし』取意。法滅尽経に『法滅尽の時は、狗犬《くけん》の僧尼、恒河沙のごとし』等云々〈取意〉。今、親《まのあた》りこの国を見聞するに、人ごとにこの二つの悪有り。これらの大悪の輩は、いかなる秘術をもってこれを扶救《ふく》せん。大覚世尊、仏眼をもって末法を鑑知し、この逆・謗の二罪を対治せしめんがために、一大秘法を留め置きたもう。いわゆる、法華経本門久成の釈尊、宝浄世界の多宝仏、高さ五百由旬・広さ二百五十由旬の大宝塔の中において二仏座を並べしこと、あたかも日月のごとく、十方分身の諸仏は、高さ五百由旬の宝樹の下に五由旬の師子の座を並べ敷き、衆星のごとく四百万億那由他の大地に列坐したもう。三仏の二会に充満したもうの儀式は、華厳寂場の華蔵世界にも勝れ、真言両界の千二百余尊にも超えたり」（一三九七頁）

この文は極めて含みのある構文であり、そこから直ちに「一大秘法は『南無妙法蓮華経』であることが明確に示されている」と主張するのは強引過ぎて無理である。むしろ「一大秘法を留め置きたもう」の直後に示されるのは、釈迦・多宝の二仏が並座し、十方分身の諸仏が充満している虚空会の「儀式」であり、曼荼羅本尊が虚空会の儀式を用いて図顕されたことを考えれば、同抄の一大秘法の言葉は曼荼羅本尊を示唆していると解するのが自然であろう。この理解は「日女御前御返事（御本尊相貌抄）」の「ここに日蓮、いかなる不思議にてや候らん、竜樹・天親等、天台・妙楽等だにも顕し給わざる大曼荼羅を、末法二百余年の比《ころ》、はじめて法華弘通のはたじるしとして顕し奉るなり。これ全く日蓮が自作にあらず。多宝塔中の大牟尼世尊、分身の諸仏、すりかたぎたる本尊なり」（二〇八六頁）の文の趣旨とも合致している。

故に日寛が「依義判文抄」で「一大秘法とは即ち本門の本尊なり。この本尊所住の処を名づけて本門の戒壇と為す。この本尊を信じて妙法を唱うるを名づけて本門の題目と為すなり。故に分かちて三大秘法と為すなり」(六巻抄一一八頁)、また「三大秘法総在の本尊」(同一一三頁)として曼荼羅本尊を根本に三大秘法を解釈していることは「曽谷入道殿許御書」だけでなく他の御書と照らし合わせても道理に適っていると考える。

○説明責任を無視した『教学要綱』

社会的に影響力を持つ各種企業・団体はその言動の理由を一般社会に対して十分に説明しなければならないという「説明責任」の観念が近年急速に広がっていることは周知の事実である。そこで拙著が『教学要綱』に対して説明を求めたのは次の諸点である。

①従来、創価学会が認めてきた日蓮の「十六歳での悟り」を無視している理由は何か。
②日蓮が南無妙法蓮華経を覚知したのは何時と捉えているのか。
③竜の口の法難まで日蓮は南無妙法蓮華経を覚知していなかったとするのか。
④竜の口の法難まで日蓮は自身が上行菩薩であるとの自覚を持っていなかったのか。
⑤「久遠元初自受用身」「人法一箇」の用語を一切用いていないのはなぜか。
⑥日興と五老僧の相違(五一相対)について全く触れていないのはなぜか。
⑦「一大秘法」と「法宝」の内容をこれまでの「南無妙法蓮華経の本尊」から単なる「南無妙法蓮華経」に変更したのはなぜか。

⑧「三大秘法抄」に説かれる「事の戒壇」を無視しているのはなぜか。
⑨これまで一貫して日興を帰依の対象である「僧宝」としてきたのに、今回、日興を「僧宝」から外したのはなぜか。
⑩創価学会が「僧宝」であるとするが、その「僧宝」は帰依の対象なのか、そうでないのか。
⑪創価学会が出現する以前は何が「僧宝」だったのか。
⑫創価学会は何時の段階で「僧宝」になったのか。

ところが今回の「論考」はこれらの問題提起に対して何も回答を示していない。例えば⑤については「久遠元初自受用身」「人法一箇」を何の根拠もなく日蓮を神格化・神秘化する用語とするだけであり、これでは答えになっていない。仮にも「論考」が拙著に対する反論を意図しているならば、拙著が示している疑問点に誠実に答えるべきであろう。それを一切行っていない「論考」はまともな反論になっておらず、初めから意図的に拙著を貶めようとする「反論まがい」に終わっている。

○「教義の変更なし」の強弁は認められない

拙著では「会長は、教義および化儀を裁定する。この場合、師範会議および最高指導会議に諮問するものとする」という現在の会則を引いて、最高指導会議の開催がない事実を挙げ、手続き上の瑕疵《かし》(欠陥)とされる可能性があることを指摘した。それに対し「論考」は「『教学要綱』は教義を変更するものではなく、会則における『教義および化儀を裁定する』ものに当たらない」として最高指導会議を開催しなかったことを正当化した。しかし「仏教哲学大辞典　第三版」から「教学入門」まで日蓮を「久遠元初自受用身」としてきたのを否定して日蓮を「釈迦仏の使い」と規定したこと、これまで帰依の対象の僧宝としてきた日興を僧宝から外したこと、法宝を「南無妙法蓮華経の御本尊」(『教学入門』二七三頁)から単に「南無妙法蓮華経」にしたことなどは、社会一般の常識に照らせば明らかな教義の変更であり、それを教義の変更ではないと強弁することは到底認められないだろう。

「論考」が教義変更ではないと無理を言い張るのは、教義の変更を認めたならば最高指導会議の開催がないなどの手続き上の欠陥があることを認めることになり、それこそ裁判にでもなれば敗訴の可能性まで生じかねないからであろう。

○「監修」の証拠を示せ

なお「論考」は『教学要綱』について「原稿を何度も池田先生に報告し、その都度、御指導をいただいて作成されたものである」としているが、それならばいつ、どのような指導があったのか、具体的に示すべきである。一般的に言って検証可能な根拠も証拠もない主張を信用することはできない。拙著でも述べたように『教学要綱』の内容は『法華経の智慧』に代表される生前の池田名誉会長の主張とは大きくかけ離れており、それ故に『教学要綱』が池田名誉会長の監修を得たということには疑念を持たざるを得ない。

○透明性に欠ける『教学要綱』

また筆者が会長宛て書簡で「『教学要綱』を作成した中心は創価大学名誉教授の宮田・菅野両氏であると聞いております」と述べたのは、決して「曖昧な伝聞情報」によるものではない。実際に『教学要綱』の作成に関与してきた関係者から筆者が直接聞いた「証言」によるものである。宮田・菅野両氏の論文に当たって見ると釈迦本仏を説く両氏の論調は『教学要綱』の内容とほとんど合致している。この事実も両氏が『教学要綱』の作成に深く関与していたことを裏づけるものと思われる。

「論考」は「宮田・菅野両氏は刊行委員会に入っていない」とするが、これは完全な「後づけ」であり、信用しがたい。発刊時に刊行委員会の委員名を公表しておかなければ透明性があるとは言えない。ちなみに社会一般においても各省庁に研究者グループが委員会として報告書を提出する時には全委員の名前を挙げるのが鉄則である。誰が作成したか不明な文書は社会的に信用に価するものにならないからである。『仏教哲学大辞典　第三版』発刊の際には編纂委員会の全委員の名前が明記されていたが、このように作成に携わった関係者の名を明示するのが責任ある出版の在り方であろう。

○「名誉毀損」は見当違いの議論

また「論考」は、筆者が会長宛て書簡をホームページ上で公開したことを名誉毀損などと非難しているが、これもまた見当違いもはなはだしい暴論である。「公開書簡」という言葉があることからも分かるように、自分が執筆した書簡を公開すること自体には何の問題もない。この書簡はプライベートなものではなく、日蓮仏法の教義という極めて公共性の高い問題を扱っているので、多くの人に読んでもらうことが有益であると考え、公開したのである。

そもそも名誉毀損の「名誉」とは「人がその品性、徳行、名声、信用等の人格的価値について社会から受ける客観的評価、すなわち社会的名誉を指す」（最高裁判例）とされる。すなわち「名誉とは、人の人格的価値に対する社会的評価である」（『新・名誉毀損』六頁）。筆者の書簡が宮田・菅野両氏について「身延派に忖度している態度が顕著」と述べているのはあくまでも両氏の研究に対する一つの論評ないしは批判であり、決して両氏の人格的価値を問題にするものではない。学問上の論争において自説と異なる他の学説の欠陥を指摘して批判することは当然の在り方であり、批判することが他説を唱える研究者に対する人格攻撃や名誉毀損になるはずはない。

同様に「論考」が筆者に対して「氏が師範会議を『形だけのもの』と批判すること自体、学会の名誉を毀損するものである」としているのも的外れの議論である。「論考」の記述そのものが不正確であり、一種の捏造である。拙著の主張は、正確には「『教学要綱』の発刊に際して師範会議が形だけのものとなり、最高指導会議も開催されていないならば、それ自体が会則違反であり、手続き上の瑕疵とされる可能性がある」（本書一一三頁）というものである。すなわち、拙著は師範会議の議論が「形だけのもの」であると断定しているのではない。師範会議の議論の内容が不明なので、それが仮に「形だけのもの」であった場合には手続き上の欠陥とされる可能性があると指摘しているだけのことである。それに対し、あたかも拙著が「形だけのもの」と断定しているように述べることはそれ自体が拙著の論旨を意図的に捻じ曲げる行為と言わなければならない。

なお「論考」は末尾において、筆者に対し「増上慢の極み」「破和合僧の所行」と、それこそ人格攻撃、名誉毀損そのものの言葉を投げつけている。教義を議論している文書において、このような犯罪に相当するような言辞を用いることははなはだ遺憾であり、速やかに撤回することを求めたい。

○実名を示さないのは責任の回避

最後に、「論考」の作成者が実態不明の「創価学会男子部教学室」で、執筆者の名前を挙げていないことを指摘しておきたい。執筆者の実名を挙げないのは論争のルールに外れている。当方は実名を初めから明かしているのであるから、それに対して批判するのであれば、批判者も自身の実名を示すのが当然の態度である。実名がなければ発言の責任を追及することができない。一般的にいって実名を示さない文書は、匿名に隠れて発言の責任追及を回避しようとする卑劣さの故に「怪文書」と見なされても止むを得ないだろう。

佐渡流罪中の文永九年一月、日蓮と論争を交わした念仏僧・弁成《べんじょう》は堂々と実名を述べて法論に臨んでいる（「法華浄土問答抄」八二七頁）。「論考」の作成者が日蓮在世中の謗法の僧侶よりも倫理的に劣悪であることは残念でならない

（二〇二四年十一月発表）

第二部　日蓮本仏論の考察

——宮田論文への疑問

ペーパーバックの「はじめに」

本書は、二〇一六年九月に発表した論文「宮田論文への疑問——日蓮本仏論についての一考察」を、タイトルを改めて単独の著書として出版したものである。

同論文は二〇一八年に上梓した『日興門流と創価学会』に「付論」として収録したが、単著として出してほしいとの要望が寄せられたので、今回、単独の出版に踏み切ることとした。日蓮仏法の本義、とりわけ日蓮本仏論に関する関心が高まっていると見られる今日、議論の問題点を整理し、理解を深めるための一助として本書が役立てれば幸いである。

二〇二四年三月　著者記す。

二〇一五年九月五日、創価大学で開催された日本宗教学会第七十四回学術大会で、同大学教授の宮田幸一氏が「学問的研究と教団の教義―創価学会の場合」として口頭発表を行い、それを加筆訂正した論文が宮田氏自身のホームページで公表された。

筆者は、氏の論文に触れて若干の疑問を感じたので、氏の他の論文を含めて検討し、取り上げられた問題について議論を深めるための参考資料として本稿を作成することとした。

はじめに、各項目の表題を挙げておく。

（1）「本門の本尊」があれば日蓮宗各派の信仰にも功徳はあるか

（2）「功徳と罰」を主張することは誤りか

（3）近代仏教学との関連

（4）日蓮本仏論

①日蓮本仏論はカルトの理由となるか

②日蓮自身による日蓮本仏論

③日蓮が末法の教主（本仏）である所以

④日蓮が釈迦仏を宣揚した理由

⑤曼荼羅本尊の相貌に表れる日蓮の真意

⑥天台大師が示す教主交代の思想

⑦仏教の東漸と西還――仏教交代の原理

（1）「本門の本尊」があれば日蓮宗各派の信仰にも功徳はあるか

まず第一に、二〇一四年に創価学会が会則を改定した際、学会が日蓮図顕の文字曼荼羅も書写の文字曼荼羅も全て等しく「本門の本尊」であると説明したことに触れ、日蓮真筆の文字曼荼羅が日蓮宗各派の寺院に所蔵されていることから、宮田氏は先の論文で、「『本門の本尊』を信仰の対象としている日蓮宗各派の信仰、ならびに日蓮正宗の信仰にも、応分の功徳があるということを教義的には認めざるをえないことになるのではないかと私は考える」と述べ、さらに「『本門の本尊』を信仰しても、全く功徳がないという教義を日蓮の御書から導き出すのはかなり困難ではないかと私は思っている」としている。

はたして、そうであろうか。日蓮図顕の真筆本尊も書写の本尊も、いずれも南無妙法蓮華経を具現した「本門の本尊」であるという前提は当然としても、しかし、例えば身延山《みのぶさん》久遠寺《くおんじ》や中山《なかやま》法華《ほけ》経寺《きょうじ》に安置されている日蓮真筆本尊を、「本門の本尊」であるからといって久遠寺や法華経寺の信仰をもって拝んで、功徳はあるだろうか。私はないと思う。それを裏づけるのが「生死一大事血脈抄」の「信心の血脈なくんば、法華経を持《たも》つとも無益《むやく》なり」（一七七頁）の文である。

この文で「法華経」とは経典としての法華経ではなく、文字曼荼羅と解せられる（晩年の日蓮は文字曼荼羅をもって「法華経」と呼んでいる)。この文は、血脈とは信心の異名であるという「信心の血脈」論の根拠となる有名な文であるが、この文を素直に読めば、いかに正しい曼荼羅本尊であっても、拝む側に正しい信心がなければ功徳はありえない、という意味になろう。

それ故に、これまで創価学会ではこの文を引いて「日蓮大聖人、日興上人の御精神に適《かな》った正しい信心がなければ血脈はなく、たとえ正しい御本尊を拝しても、功徳が現れることはない。かえって『かかる日蓮を用いぬるとも、あしくうやまわば国亡ぶべし』〈一三三九頁〉と仰せのように、仏法違背の大罪となる」(「大白蓮華」第六二七号一二五頁)と教えてきたのである。

この「かかる日蓮を用いぬるとも、あしくうやまわば国亡ぶべし」との「種種御振舞御書《しゅじゅおふるまいごしょ》」の文は、日蓮を崇拝する在り方としても「あしく敬う」場合と「よく(正しく)敬う」場合の相違があることを示している。どのような教義であれ日蓮を崇拝さえすればそれでよいということではない。誤って敬った場合には国が亡ぶほどの悪業になるというのである。そうなると、曼荼羅本尊を拝みさえすればどのような宗派の信仰をもって礼拝しても応分の功徳があるという宮田氏の見解は、この文と明確に違背するのではなかろうか。

仏教の根本テーゼである縁起説によるならば、万物はそれ自体のみで存在するものではなく、他者との関係性の網の目の中で存在し、価値を有する。文字曼荼羅も、それ自体が無条件で、人間が存在しない場所で本尊としての力を持つのではない。曼荼羅に接する人間との関係性によってその意味と力が異なってくる。日蓮が図顕した曼荼羅本尊は「観心《かんじん》の本尊」すなわち「信心の本尊」であり、正しい信心をもって拝して初めて本尊としての力用が現れるのである。信心が皆無のところにおいては、たとえ日蓮真筆の文字曼荼羅でも本尊としては現れず、一種の「掛け軸」に過ぎないことになる。

創価学会は、身延山久遠寺や中山法華経寺など日蓮宗各派の信仰は正しい信心とは認めず、むしろ誤ったものであるとしてきた。それにもかかわらず、宮田氏のように「日蓮宗各派の信仰、ならびに日蓮正宗の信仰にも、応分の功徳がある」としたのでは、それらの寺院に参詣することも必ずしも誤りではないということになり、これまでの学会の指導性の全面的否定になりかねない（当然、大石寺に参詣しても差し支えないことになる）。それでは、これまで創価学会の指導性に従って信仰してきた学会員を裏切ることになるであろう。

ただし、氏は現在の創価学会の方針として、「『本門の本尊』としては平等だからという理由で他教団の所有する本尊を拝んでもよいと容認するわけではなく」と、他教団の本尊の礼拝を容認していないと認識しているようである。しかし、それでは、他教団の本尊の礼拝は容認しないという学会の方針と「日蓮宗各派の信仰、ならびに日蓮正宗の信仰にも、応分の功徳がある」という氏の見解とでは矛盾しており、整合性がとれていない。氏の立場を論理的に貫けば、「他教団の本尊の礼拝を認めないのはむしろ教義的には誤りである」ということになるであろう。

もっとも宮田氏は、真筆ないしは直弟子などの古写本のない御書は日蓮の思想を判断する根拠にはなり得ないという立場をとっているので、真筆が現存しない「生死一大事血脈抄」も偽書として扱い、一切用いないとするのであろうか。真筆や古写本のない御書を全面的に排除する傾向が一部の研究者の間に見られるが、後に触れるように、そのような態度は真偽が確定できない御書を全て偽書として切り捨てるもので、行き過ぎであり、妥当ではない。

創価学会は、これまで血脈観として、正しい信心こそが血脈であるという「信心の血脈」論の立場に立ち、その根拠を「生死一大事血脈抄」に置いてきた。二〇一五年に発刊された『教学入門』(創価学会教学部編)は次のように述べている。

「日蓮大聖人は、成仏の血脈は特定の人間のみが所持するものではなく、万人に開かれたものであることを明確に示されています。『生死一大事血脈抄』に「日本国の一切衆生に法華経を信ぜしめて、仏に成る血脈を継がしめん」と仰せです。日蓮大聖人の仏法においては、『血脈』といっても、結論は『信心の血脈』という表現にあるように『信心』のことです」(同書三一八頁)

仮に「生死一大事血脈抄」を偽書として排除した場合には、学会が主張している「信心の血脈」論も日蓮自身の思想ではなく後世に形成されたものとなり、根底から崩壊することになる。そのような事態は、学会員としては受け入れ難いものであろう。

（2）「功徳と罰」を主張することは誤りか

次に信仰の功徳について宮田氏は、「そもそも信仰に功徳があるかどうかという問題は、教義の問題でもあるが、むしろ信仰をしている人々が功徳を感じているかどうかという宗教社会学的な問題でもある」とし、さらに「宗教的功徳の特定信仰への独占ということは事実としては否定されるしかないと私は考えている」と述べている。論文の文章は抑制されているが、実際の口頭発表ではもっと率直な言い方になっている（口頭発表の内容はユーチューブで公開）。

特定宗教の熱心な信仰者を相当程度の人数選び出し、宗教社会学的な調査によって「あなたが実践している信仰には功徳（救済）があるとあなたは感じていますか」と質問すれば、どのような宗教であれ、大多数の割合で「功徳（救済）がある」という回答が寄せられるのは当然であろう（何の功徳〈救済〉もないと思っていながら熱心に信仰するということは考え難い）。宗教社会学的には、熱心な信仰者にとってはどのような宗教であれその信仰を実践するだけの内的理由があり（その意味で功徳〈救済〉を感じている）、信仰の内容、教義の如何《いかん》は宗教社会学においては問題にされない。宗教社会学は本来、宗教の教義の優劣を判定するものではないからである（あらゆる宗教に対して中立である）。つまり、宗教社会学は文字通り宗教の社会的・外形的側面を分析・考察するものであって、宗教の教義の優劣を判定する基準を持たない（価値判断を留保する)。

信仰の功徳について宗教社会学を中心に考える氏の立場からすれば、どのような宗教・宗派でもそれぞれの信仰者にとってはそれなりの功徳があるのだから、何を信仰してもよいということになる(「本門の本尊」に関連して、氏が「日蓮宗各派の信仰、ならびに日蓮正宗の信仰にも、応分の功徳がある」とするのは全ての宗教に対して価値中立的な社会学的見地に立っているからであろう)。逆に言えば、氏が「宗教的功徳の特定信仰への独占ということは事実としては否定される」と明言する通り、特定宗教が「この信仰以外に真の功徳(救済)はない」と主張することは事実としては誤りとして否定することになろう。

表面的な事実としては、どのような宗教を信仰しようと、また無宗教であろうと、誰人の人生においても幸福(プラス)もあれば不幸(マイナス)もある。その事実だけを強調すれば、どのような宗教を信仰しようと、また無宗教であろうと何の相違もないということになる(わざわざ特定の宗教を信仰する必要もない)。それでは、全ての宗教そのものがおよそ無意味、無価値なものであり、単なる妄想になりかねない(神も仏もなく、世の中は所詮、金と力だという、日本人に広く見られる徹底した「現世主義」「宗教蔑視」に繋がっていく)。

しかし、宗教の特質として、どのような宗教であれ、多少なりとも自身の教義によってこそ真実の救済がある(他の宗教・宗派によっては真実の救済はない)と自己の最勝性を主張するものである。どのような宗教でもよいと説く宗教はまず皆無であろう（「宗教は何でもよい」としたのでは、あえてその宗教を立てる理由がなくなる）。いわば、「この信仰にこそ真の功徳（救済）がある」として自己の最勝性を主張する「確信」に宗教の特質があるのであり、それを誤りであるとして否定する氏の見解は宗教の特質を見失ったものとして、むしろ宗教の否定になりかねないのではなかろうか。

自己の教義の最勝性を主張するのが宗教の特質であるから、仏教経典でも自経の功徳と卓越性を説き、誹謗者《ひぼうしゃ》の罰を説くことは広く認められる。中でも日蓮が最勝の経典とした法華経は、法華経受持の功徳と法華経誹謗者の罰が随所で強調されている。そのような経文は枚挙に暇《いとま》がないが、例えば薬王菩薩本事品では「若《も》し復《ま》た人有って、七宝を以て三千大千世界に満てて、仏及び大菩薩・辟支仏《ひゃくしぶつ》・阿羅漢に供養せんも、是の人の得る所の功徳は、此の法華経の乃至一四句偈を受持する、其の福の最も多きには如《し》かじ」（創価学会版法華経五九三頁）と法華経受持の絶大な功徳を説き、また陀羅尼品《だらにほん》では「若し我が呪《しゅ》に順ぜずして　説法者を悩乱せば頭《こうべ》破《わ》れて七分に作《な》ること　阿梨樹《ありじゅ》の枝の如くならん」（同六四八頁）と法華経の行者を悩ます者の現罰を説いている。

この薬王菩薩本事品の文を釈して中国の妙楽大師が『法華文句記』で「供養する有らん者は福十号に過ぐ（有供養者福過十号）」と述べたことはよく知られている。日蓮は曼荼羅本尊の左右の肩にこの「有供養者福過十号」の文と「若悩乱者頭破七分」の文をしたため、本尊受持の功徳と悩乱者の罰を明確にした（日蓮真筆の曼荼羅の讃文にはこの他にも数種類あるが、曼荼羅本尊の完成期である弘安年間の曼荼羅に記されるのはこの「有供養者福過十号」「若悩乱者頭破七分」の讃文が多く見られる。また日興もこの讃文を記すことを基本とし、日興門流で書写される曼荼羅本尊にはこの「有供養者福過十号」「若悩乱者頭破七分」の讃文が記されている）。

しかし、特定の信仰だけに功徳があるという立場を否定する宮田氏は、別の論文でこの曼荼羅本尊の讃文を取り上げて次のように言う。

「私は日蓮の曼荼羅に書かれた禍福の讃文の予言は宗教社会学的には真理とは言えないと思っている。（中略）その意味で私は日蓮の主張は誤っていると思っているから、曼荼羅からはその記述を除外すべきだと思っている」（ＳＧＩ各国のＨＰの教義紹介の差異について）

氏は日蓮図顕の文字曼荼羅にも誤りがあるから、その部分を削除すべしと主張するのである。言うまでもなく、曼荼羅本尊には日蓮の教義が凝縮して示されている。その意味で、曼荼羅本尊にしたためられた功徳と罰の讃文には自身が生涯を賭けて確立した宗教に対する日蓮の絶対の確信が込められている。その日蓮の、いわば命を賭けた確信の表明を宮田氏は簡単に否定するのである。このような氏の見解は、価値判断を留保した（価値判断の基準をあえて持たない）

宗教社会学を用いながら功徳と罰という宗教的価値を裁断する誤りを犯していると言わざるをえない（次元が異なるものを混同して同一の次元に置いている）。

多くの宗教社会学者はその次元の相違を認識しており、価値判断を留保している宗教社会学の立場から特定宗教の教義や本尊を指して「誤っている」などと越権的に裁断するようなことはしていない。宮田氏の見解は宗教社会学の常識からも外れたものとなっている。氏は宗教社会学そのものも誤解しているのではなかろうか。そのような態度では日蓮の宗教を内在的に理解することは到底不可能であろう。

（3）近代仏教学との関連

次に宮田氏は、梅原猛《うめはらたけし》による創価学会批判を紹介しながら、学会の教義と明治以降の近代仏教学との関連を取り上げる。具体的には、①大乗経典が釈尊の直説ではないこと、②「五時」説への固執、③仏滅年代と末法理論の関係、の三点を問題にしている。

①について、氏は次のように言う。

「創価学会は日蓮仏法に関する教義解釈と宗教的儀礼に関しては日蓮正宗の伝統を継承し

てきた。しかし、日蓮正宗の日蓮仏法解釈は、鎌倉時代の日蓮、室町時代の日有、江戸時代の日寛の教義解釈を基礎としたものであり、明治以降の仏教の学問的研究の成果に対してまともに対応したものではなかった。（これは日蓮正宗に限ったことではなく、日本の既成仏教団体全てが、宗祖に忠実であるならば、教義的には大乗仏教教典が直接釈尊によって説かれたという理解を前提にして成立していることには変わりがない。その理解が崩れたときに、宗派として存在することに教義的な意味は見失われ、歴史的意味しかないように私には思われる。）」

もちろん、日蓮を含めて日本の既成仏教教団の宗祖は全て大乗経典が釈尊によって説かれたという認識を前提にしている（本稿においては、実在した歴史的釈尊〈ゴータマ・シッダルタ〉を「釈尊」、法華経を含めて経典に登場する釈迦を「釈迦仏」と呼ぶことにする。両者を区別することで議論の混乱を避けるためである）。その前提が崩れた時には教義的に宗派として存在している意味が無くなるのだろうか（もっとも創価学会は、『法華経の智慧』において法華経の成立は紀元一世紀以降であるとの認識を示すなど、既に近代仏教学の知見を取り入れた議論をしている）。この点については、拙著『新版　日蓮の思想と生涯』で若干述べたので、その箇所を引用することにする。

「歴史的釈尊の直説ではないということはなにも法華経に限ったものではない。大乗仏典はもちろん、最古層の仏典と見られる『スッタニパータ』などの原始仏典、小乗仏典を含めて、歴史的釈尊の直説と確実に言い切れるものはない。これは絶対に間違いなく歴史的釈尊が実際に説いた言葉であると断定できるものは存在しない（歴史的釈尊の直説ではないという意味では大乗経典に限らず全ての仏典が非仏説である。経典が仏説か非仏説かを問題にすることは意味がない）。歴史的釈尊の言葉でなければ教義が成立しないというのであれば、結局、仏教全体が成立せず、無に帰してしまう。

同様のことはキリスト教などについても言える。イエスの言行を記述した四つの福音書は新約聖書に収められたキリスト教の根本聖典だが、最古の福音書と考えられているマルコ福音書にしてもイエスの死から数十年後に成立したもので、いずれの福音書も歴史的イエスが説いた言葉を正確に記述したものではない。歴史的イエスの言葉は厳密にはどこにも存在していないのである。イエスの言葉だけが教義の前提であるとしたならば、キリスト教全体が成立しないことになる。

仏教経典は、原始経典から大乗経典まで、いずれも後世の経典制作者がそれぞれの立場から、これが釈尊の教えであると信じたものを釈尊の名前を借りて表現したものである。（中略）従って各経典の内容は多種多様となるから、多数の経典の勝劣を判定し、どの経典を選びとるかという問題は後世の人間の主体的判断に委ねられることになる（例えば涅槃経は、『了義経〈真理を表した経典〉に依って不了義経〈真理を表していない経典〉に依らざれ』として、経典の内容を吟味し、その優劣を検討する作業が必要であるとしている)。

天台大師はその時までに中国に伝来していた仏教経典を検討した結果、五時八教の教判を確立し、法華経こそが仏の悟りをもっとも正確に表した最勝の経典であるとの結論に達した。日蓮もまた、その時代において目にできる一切経を閲覧し、天台の教判が妥当であると判断した。天台や日蓮自身の宗教体験を含めた仏教観そのものがその判断の根底に存したことは当然であろう。

従って、経典が歴史的釈尊の直説かどうかなどということは初めから問題にならない。釈尊が説いたから経典が尊いのではない。普遍的真理が示されているからこそその経典が尊いのである。日蓮は、法華経の全ての文字について『六万九千三百八十四字、一一の文字は皆金色の仏なり』(「単衣抄」一八四九頁)と言明した。それは、法華経において一切の仏が共通して悟った普遍の真理が示されているとの洞察があったが故ということができよう」(『新版　日蓮の思想と生涯』三〇頁)

厳密な文献学によれば、歴史的釈尊の直説などどこにも存在しない。もしも、直説がなければ仏教の教義が成立しないと主張するのであれば、それは文献学をあまりに偏重するものであり、結果として仏教そのものを見失うものとなる(キリスト教についても同様である)。文献の厳密性にこだわり過ぎると宗教そのものが雲散霧消《うんさんむしょう》してしまう。

②について言えば、宮田氏が言及している梅原猛の批判とは、全ての経典が釈尊の直説であると考えた天台は釈尊の五十年の伝道生活を「華厳時」「阿含時」「方等時」「般若時」「法華涅槃時」の「五時」に配列し、それを経典成立の順序としたが、近代仏教学の知見によれば経典の成立は釈尊の死後数百年にわたるので、今日においては「五時八教」の教判自体が「無茶な話」になっているというものである。

その上で梅原は次のように言う。

「文献学の発展しなかった頃の日蓮が、天台智顗の、このみごとにしてしかも強引な分類（五時八教を指す――引用者）をそのまま真理としたのは仕方がないとしても、明治以後の原典批判にすぐれた業績をあげた仏教学の成果を持つ現代という時代の宗教である創価学会が、五時八教をそのまま採用しているようにみえるのはどうしたわけであろう」（「創価学会の哲学的宗教的批判」『梅原猛著作集3』二九一頁）

ちなみに、この梅原の批判は一九六四年になされたものである。その当時は梅原の批判が当たっていた面もあったかもしれないが、今日の創価学会は、先に『法華経の智慧』について述べた通り、既に経典を歴史的釈尊の直説とする立場をとっておらず、「五時」説をもって経典成立の歴史的事実とは捉えていない。二〇一五年発刊の『教学入門』（創価学会教学部編）では「釈尊が五十年に及ぶ弘教の人生を終えて亡くなった後、釈尊のさまざまな言行が弟子たちによってまとめられていきました。その中で、慈悲と智慧を根幹とする教えが大乗経典として編纂されていきます」（同書二六六頁）と、経典が後世の編纂によるとの認識を示している。

五時八教の教判について、筆者は拙著『新版　日蓮の思想と生涯』では次のように述べておいた。

「天台が五時を仏典成立の順序と捉えたのはその時代の限界、制約の故であり、今日においては実際の経典成立の過程として受け入れることはできない。しかし、だからといって、五時八教の教判が全く無意味であるということではない。五時八教は、天台が一切経をどのように捉えていたかという天台の仏教観そのものの表明である。そこには、今日においてなお深く汲み取るべきものがあると思われる。

誰人でも、自分が生きている時代の限界、制約は免れない。人間のみならず万物が歴史的に限定された存在だからである。天台大師に限らず万人にわたって、後の時代の知見から見れば受け入れられないものが生ずるのは当然である。五時八教の教判に時代的限界があるからといって、その全てが無意味、無効であるとするのは、あまりに皮相的な態度であると言わなければならない」（同書三一一頁）

誰もが時代の制約のもとにあるのだから、後世の者が後の時代の知識をもって先人の限界を賢げに指摘しても意味がない（プラトンやアリストテレスが古代的制約のもとにあるからといって、その全てが無意味ということにはならない）。現代の学問も千年後の人間から見れば欠陥だらけのものと映るだろう。

③について宮田氏は、『折伏教典』では仏滅は今から約三千年前と云い、東京大学法華経研究会編『日蓮正宗創価学会』ではシャカの入滅の事実に関して日蓮説と新しい仏教学者の説の両方をあげ、どちらが良いとも断定していないのである」という梅原の記述を引用し、梅原が「創価学会が仏教学の成果に対して曖昧な態度を採っていることを批判している」とする。

日蓮は、釈尊滅後二千年になる永承七年（一〇五二年）から末法に入るという当時の日本の一般的な認識に従って自身の時代を末法と規定したが、近代仏教学が示す釈尊の入滅年代によれば、日蓮の時代は釈尊の入滅からまだ二千年になっておらず、末法ということはできない。この点をどのように考えるかが問題となるが、この点についても創価学会は、仏教学による仏滅年代に従ったとしても、自身の時代を末法とした日蓮の認識には何の問題もないという立場を既に表明している。

すなわち、二〇〇二年発刊の『教学の基礎』（創価学会教学部編）は次のように述べている。

「大聖人が御自身の時代を末法ととらえられたのは、諸説がある仏滅年代や正像末の年数を絶対的な拠り所としたからではありませんでした。

正・像・末の年数が仏典によって違うことや、仏滅年代に諸説があることは大聖人もよくご存知でしたから、御自分が採用された説について絶対的なものとして受け止められていたわけではなかったと拝されます。（中略）

そのうえで、当時、定説となっていた仏滅年代九四九年説と正像二千年説を用いて、末法御本仏としての御自身の実践を跡付けられたのです。（中略）大事なことは、『仏滅年代』についていずれの説を採るにしても、大聖人御出現の時代が経文に説かれた通りの末法の様相を呈しており、その時代相のなか、日蓮大聖人が末法御本仏としてのお振る舞いを示され、事の一念三千の御本尊を建立してくださった事実です。以上みたように、近代の学説に基づいた釈尊の入滅年代を用いたとしても、大聖人の末法のとらえ方の正しさは動きません」（同書一二一頁）

拙著『新版　日蓮の思想と生涯』では次のように述べておいた。

「今が末法であるとの時代認識は、当然、像法時代の天台大師・伝教大師とは時代を異にしていることを意味している。日蓮は後に『三大秘法抄』において『前代に異なり』と明言しているが、立宗の時点において既に末法に入っているという明確な歴史認識があったればこそ、天台・伝教が行うことのなかった題目の弘通に踏み切ったと推察されるのである。なお、永承七年（一〇五二）年に末法に入るという当時の定説は釈尊の入滅が紀元前九四九年であるという『周書異記《しゅうしょいき》』の説と正法・像法を二千年とする説に基づいている。ところが、近代仏教学によれば釈尊の入滅は紀元前四八六年あるいは三八三年（そのほか諸説がある）とされており、正像を二千年とすると日蓮の時代はまだ像法時代となってしまう。

日蓮が自身の時代を末法と規定したのは、単に『周書異記』の説や正像二千年説に盲従したためではない。日蓮は仏滅年代や正像の年数について諸説があることを認識しており（『周書異記』の説について『守護国家論』で『一説なり』〈四六頁〉としている）、そのうえで、時代の状況が大集経が末法の時代を規定した『闘諍言訟・白法隠没』の言葉通りの様相になっていることを洞察して、自身の時代が末法に当たっていると判断したといえよう。

実際に平安時代末期の保元・平治の乱以来、日本国内では戦乱が絶えず、仏教勢力自体も僧兵を蓄えるなど軍事勢力化していた。延暦寺などの大寺院は民衆を救済するどころか逆に宗教的論理を利用して民衆を収奪する権力体となっていた（例えば、寺院への年貢《ねんぐ》を納めない者は仏神の罰を被るという宗教的脅迫を加えた）。

宗教的にも、伝教大師が確立した天台仏教も内部から変質して密教化し、伝教の思想は完全に空洞化していた。そもそも天台仏教の修行法である観念観法の瞑想行も高度な能力のある僧侶だけがなしうるもので、在家の民衆が行えるものではなかった。仏教が隠没していたのは日本だけではない。インドにおいては日蓮が生きた十三世紀にイスラム勢力の侵略によって最後の仏教寺院が破壊され、仏教は完全に滅亡した。

中国においても唐の滅亡後、中国仏教は衰退の過程に入った。教団は経済的・社会的には繁栄したが、度牒《どちょう》（僧であることの証明書）や皇帝から賜る紫衣や師号も売買の対象となり、仏教教団の腐敗が進行していった。民衆に広まったのは仏教としての実体がない浄土教と禅宗のみであり、その上、道教との一体化が進んだ。

女真族《じょしんぞく》（ツングース系民族）の金によって一一二七年に北宋が滅ぼされて以降は、外形的には仏教が行われていても、仏教の内実はほとんど失われた状態になった。このことについて日蓮は、『顕仏未来記』で『漢土に於いて高宗《こうそう》皇帝の時、北狄《ほくてき》、東京《とうけい》（北宋の首都・開封《かいほう》のこと――引用者）を領して今に一百五十余年、仏法・王法ともに尽き了わんぬ』と述べている。

日蓮は、そのような時代状況と既成仏教の限界を深く洞察して、もはや時代は従来の釈尊の仏教によって民衆を救済することができない『末法』に突入していると判断し、末法に相応した新しい仏教を創始することを決意したのである。その意味では、釈尊の入滅年や正像の年数などは些末な問題に過ぎない。日蓮が自身の時代が末法に当たると主体的に判断し、その時代に適った宗教を確立し弘通することを決断したことこそが重要なのであ

る」（同書三六頁）

以上、宮田氏が提起した近代仏教学との関連の問題を見てきたが、創価学会の教義が近代仏教学の知見と矛盾しているとの批判は、今日ではほとんど有効性を持っていないといえるだろう。

（4）日蓮本仏論

今回の宮田論文の重要なテーマは日蓮本仏論と思われる。氏は「今回の会則改正は表面的には、単に『一閻浮提総与の大御本尊』を受持の対象から外しただけで日蓮本仏論を継承しているという点で、まだ日蓮正宗の影響が残っていると一般には思われているようだ」と述べていることから、一般論の形を借りながら、創価学会が日蓮本仏論を継承していることは日蓮正宗の影響の残滓《ざんし》であるという認識を持っているようである。氏は「新しい日蓮本仏論を構築する必要がある」とも述べているが、氏がこれまで発表してきた他の論文を見るかぎり、氏は日蓮本仏論を脱却して釈迦本仏論を目指す志向性を持っているように見受けられる。

①日蓮本仏論はカルトの理由となるか

例えば論文「ＳＧＩ各国のＨＰの教義紹介の差異について」で、宮田氏は「私は『日有の教学思想の諸問題』において、日蓮本仏論に関して、必ずしも創価学会が採用する必要がないことを、学問的理由と海外布教という２つの理由から述べた」と日蓮本仏論不採用の立場を明確にしている。

まず海外布教の面について、氏は同論文で次のように述べている。

「日本国内においては、日蓮正宗は７００年の歴史があり、日蓮本仏論を主張してもカルト団体とは社会的に認定されないが、世界の仏教全体の中で、釈尊以外の歴史上の人物を釈尊より上位の仏として主張することは、他の仏教宗派から、さらには諸外国の仏教諸派が加盟する仏教協会からは仏教的主張とは見なされず、そのことが社会的にＳＧＩを非仏教団体と認定する根拠となるだろう。大日如来や阿弥陀如来は歴史上の仏ではないから、それらを本仏とする仏教宗派はさほど問題されることもなく、またダライ・ラマが観音菩薩の化身であるという信仰は、まだ釈尊より下位の菩薩であるから許容範囲である。しかし日蓮は歴史上の人物であり、日蓮本仏論はその日蓮を釈尊より上位の仏として主張することであるから、海外のＳＧＩの運動をカルト批判という脅威にさらす可能性がある」

日蓮本仏論を唱えることがそのままカルトと認定される危険に結びつくという論旨には同意しがたい。現在、日本の創価学会は、「会則」や「御祈念文」に明らかなように、日蓮が末法の本仏であるとの教義を堅持しており、世界各国のＳＧＩ組織も日本の創価学会と異なる教義を唱えているわけではない。それにもかかわらず、どこかの国のＳＧＩ組織が日蓮本仏論を掲げているという理由でカルトに指定されたという実例はない（フランス政府がフランスＳＧＩをカルト指定したのは別の理由による）。また、ある国の仏教協会が、日蓮本仏論を理由にしてＳＧＩを非仏教団体と認定した具体例もないのではなかろうか。

後に述べるように、日蓮本仏論は日蓮自身が言明し、日興門流から今日の創価学会にまで継承されてきた日蓮仏法の根本教義である。その教義を唱えることだけを理由にして、社会的に定着している宗教組織を直ちにカルトに指定するような粗暴な決定を行うことは、「信教の自由」を保障している近代国家では通常考えられないのではなかろうか。万一、特定の政府や団体が日蓮本仏論の教義がカルトに当たるとの批判を加えてきた場合には、粘り強くそれに反論し、説得していけばよいだけのことである。実際には起きてもいないカルト批判を恐れて自己の核心的教義を捨て去ることは、教団として宗教的自殺にも等しい誤りと言わなければならない。

日蓮本仏論とは、基本的には釈迦仏を正像時代の本仏とし、日蓮を末法の本仏とする立場であるが、それは決して釈尊を貶《おとし》めるものではない。万民を等しく救済しようとした釈尊の精神は、経典としては一切衆生の成仏を説いた法華経に体現されていると日蓮は洞察した。そして、その法華経の精神は、中国・日本においては天台大師、伝教大師に継承され、末法においては日蓮がそれを受け継いでいる――。日蓮が「顕仏未来記」で表明した「三国四師《さんごくしし》」とは、釈尊――天台――伝教――日蓮という系譜にこそ仏教の本流が流れ通っているとの宣言に他ならない。根源の法を覚知した仏の悟りにおいては釈尊も日蓮も同一であり（おそらくは天台も伝教も）、それぞれの時代や社会状況に応じて説かれた教法の相違があるに過ぎないからである。日蓮仏法が仏教本来の思想を継承していることを世界に向けて明確に強調していくならば、ＳＧＩに対してカルトとの批判が生ずることはほとんどないであろう。

あらゆる仏の教えにも正法・像法・末法という時の区分があるということは仏教一般の通規である。全ての仏の教えもそれぞれの時代に対応したものであるから、初めは有効であってもやがて時代の変化とともに次第に形骸化し（像法時代）、やがて衆生を救済する力が全く喪失する時代（末法）が到来する。それは釈迦仏も例外ではない。法華経を含めて多くの経典で悪世末法の到来が説かれる所以《ゆえん》である。世界に仏は釈迦仏一仏しか存在しないとする小乗仏教に対し、宇宙には無数の仏が存在するというのが大乗仏教の世界観である。従って、ある仏の教えが有効性を失った時には別の仏によって衆生が救済される道理となる。

実際に法華経方便品では、「未来仏章」で未来には無数の仏が出現すると説き、釈迦仏の滅後、眼前に仏を見ることができずに人々が法を信ずることができない時代には人々は他の仏に出会うことによって法を信じることができると説いている（創価学会版法華経一二五頁）。「つまり、法華経は釈迦仏だけを教主とする立場をとらず、未来には他の仏によって衆生が救済されていくことを想定している。（中略）そこから後の神力品で展開される『教主の交代』という思想が生まれてくると解せられる」（拙著『新法華経論』五四頁）。従って、釈迦仏法によって衆生を救済できない時代においては釈迦仏に代わって新たな教主が出現するということは法華経自体が想定していたことであり、何も奇異な思想ではない。その意味でも、日蓮本仏論がカルトとされる危険を招くという意見は見当外れというべきであろう。

②日蓮自身による日蓮本仏論

宮田氏は、また次のように言う。

「日蓮本仏論が日蓮自身の重要な主張であるならば、弾圧覚悟でその主張を維持することが、宗教的使命であると思うが、日蓮自身の真蹟遺文や信頼できる直弟子写本にも、そのような思想の形跡が見られないのであれば、そのような後代に派生したと思われる教義のために弾圧を受けるのは、世界広宣流布のためには障害にしかならない」（ＳＧＩ各国のＨＰの教氏は日蓮本仏論の形跡が日蓮自身の真蹟遺文にも信頼できる直弟子写本にも見られないと断じているが、そのような認識はあまりにも杜撰《ずさん》であり、明らかな誤りである。むしろ、日蓮の真蹟や直弟子写本がある御書において日蓮本仏義を明確にうかがうことのできる文はいくつも挙げることができる。

まず、日蓮が自身を主師親の三徳を具える存在であると宣言している文が真蹟遺文に複数存在する。

日蓮の真蹟の大部分が存在し、日興と日大（日興の孫弟子）の写本がある「撰時抄」には「日蓮は、当帝の父母、念仏者・禅衆・真言師等が師範なり、また主君なり。しかるを、上一人より下万民にいたるまであだをなすをば、日月いかでか彼らの頂を照らし給うべき。地神いかでか彼らの足を載せ給うべき」（一七三頁）の文がある。

また真蹟の断簡が各地に所蔵されている「一谷入道御書《いちのさわ》」には「日蓮は日本国の人々の父母ぞかし、主君ぞかし、明師ぞかし。これを背かんことよ」（一七六四頁）と述べられている。

これらは、主師親の三徳全てを日蓮自身が具えることを明示した文であるが、主師親の個々の徳を具えることを示した文は、「真言諸宗違目」（真蹟十一紙完存）の「日蓮は日本国の人のためには賢父なり、聖親なり、導師なり」（一二九四頁）の文や、真蹟がかつて存在していたことが明確になっている「王舎城事」の「こう申すは、国主の父母、一切衆生の師匠なり」(一五四八頁)の文など、いくつかの諸文を見ることができる。

日蓮は主師親の三徳を具える存在こそが仏であるとの認識に立っていた。そのことは真蹟十五紙が完存する「一代五時鶏図」に章安大師の「涅槃経疏」の文を引いて「一体の仏、主・師・親と作《な》る」(九〇九頁)と述べていることにも明らかである。

主師親の三徳を仏の特質とすることは「涅槃経疏」に次のように明示されている。「但歎三号者欲明三事。初歎如来。允同諸仏生其尊仰。是為世父。応供者。是上福田能生善業。是為世主。正遍知者。能破疑滞生其智解。是為世師。故下文云。我等従今無主無親無所宗仰(云云)」(大正蔵三八巻四五頁)

このように主師親の三徳の観点から見ても、日蓮が自身を仏(教主)として自覚していたことが分かる。

次に、主師親の三徳の文脈を離れた観点からも、日蓮自身に日蓮本仏論があることをうかがわせる文は少なくない。

その一端を挙げるならば、例えば「撰時抄」に「提婆達多は釈尊の御身に血をいだししかども、臨終の時には『南無』と唱えたりき。『仏』とだに申したりしかば地獄には堕つべからざりしを、業ふかくしてただ『南無』とのみとなえて『仏』とはいわず。今、日本国の高僧等も『南無日蓮聖人』ととなえんとすとも『南無』ばかりにてやあらんずらん。ふびん、ふびん」（二〇四頁）の文がある。「南無日蓮聖人」の言葉は日蓮自身を南無（帰命）の対象、すなわち人本尊と規定している明文である。

その直後には「外典に云わく『未萌をしるを聖人という』。内典に云わく『三世を知るを聖人という』。余に三度のこうみょう（高名）あり」として、三回にわたる予言的中の事実をもって日蓮が「聖人」であることを知るべきであるとする。「聖人」とは言うまでもなく仏の別称である。つまり、この文も日蓮が仏であることの宣言になっている。

「撰時抄」に、自身を「日本第一の大人《だいにん》」「一閻浮提《いちえんぶだい》第一の智人」とすることについて、「現に勝れたるを勝れたりということは、慢にて大功徳となりけるか」（二〇七頁）と述べていることも日蓮自身による日蓮本仏論の表明と解することができよう。

また、「大導師」「大聖人」の呼称については、日興の写本がある「頼基陳状《よりもとちんじょう》」には「五の五百歳の大導師」（一五七四頁）とあり、真蹟の断簡が現存し、日興の写本がある「兵衛志殿《ひょうえのさかんどの》御書《ごしょ》」には「代《よ》末になりて仏法あながちにみだれば、大聖人世《よ》に出ずべしと見えて候」（一四九三頁）とある。さらに、真蹟の断簡が各地にあり、かつては十八紙の真蹟が存在していた記録が残っている「法蓮抄《ほうれんしょう》」には「当に知るべし、この国に大聖人有りと。また知るべし、彼の聖人を国主信ぜずということを」（一四三一頁）と述べられている。

「大導師」「大聖人」は仏を指す言葉であるから、これらの文も日蓮自身が末法の教主（本仏）

であるとの自己認識に立っていたことをうかがわせるものになっている。
さらに明確なのは、熱原法難の際に日蓮が迫害の当事者である日弁《にちべん》・日秀《にっしゅう》に代わって執筆した「滝泉《りゅうせん》寺《じ》申状《もうしじょう》」の文である。本抄は、行智側の訴状に対抗して北条得宗家公文所《くもんじょ》に提出すべく、日興の弟子である日秀・日弁の名で作成された陳状（答弁書）である。書名には「申状」とあるが、実際には訴状に対抗して作成された「陳状」である。前半は日蓮自身が執筆し、後半は富木常忍の執筆による（真蹟十一紙並びに冒頭別紙二行完存）。本抄は、日秀・日弁という弟子が公の機関に宛てて提出する公文書の文案である。それを日蓮が執筆したということは、日蓮自身による日蓮の客観的な位置づけが示されているということになる。このように本抄は、日蓮の対外的な「自己認識」が明示されているという意味で重要な意義を持つ。

普通の書簡の場合、そこには書簡の相手の仏法理解の程度に応じた配慮が必要となるが、本抄は公文書であるため、そのような配慮は必要ではない。また、日蓮自身の名前で執筆する場合、自身についてしばしば謙譲の表現が見られるが、本抄は孫弟子である日弁・日秀の名前で当局に提出する文書であるから、謙譲の表現をとる必要もない。その意味で、一般の御書とは異なって、「滝泉寺申状」にはさまざまな配慮を省いた日蓮自身の真意が現れていると見ることができる。

すなわち、本抄の日蓮真筆部分には「本師はあに聖人にあらずや」（八八〇頁）、「法主聖人、時を知り、国を知り、法を知り、機を知り、君のため、民のため、神のため、仏のため、災難を対治せらるべきの由《よし》勘え申す」(八八一頁)の文がある。日蓮が自身について「法主」と明言している意義は重大である。「法主」とは、中阿含経に「世尊を法主となす」とある通り、本来、万人を救済する法を教示する仏、教主を指す言葉であるから、日蓮が自身を末法の教主(本仏)と明確に自覚していたことを示す文証といえよう。

③日蓮が末法の教主(本仏)である所以《ゆえん》

日蓮が自身を末法の教主(本仏)であると宣言できた所以は何か。それは、日蓮こそが末法の万人を救済する南無妙法蓮華経の大法を初めて一切衆生に対して教示し、弘通した主体者だからである。実際に日蓮以外に南無妙法蓮華経の唱題を人々に教え、南無妙法蓮華経を文字曼荼羅に顕して万人が礼拝する本尊として授与した存在はない。まさに日蓮を離れて南無妙法蓮華経の仏法は存在しない。「報恩抄」に「日蓮が慈悲曠大《こうだい》ならば、南無妙法蓮華経は万年の外《ほか》未来までもながるべし」(三六一頁)とあるように、南無妙法蓮華経の仏法の淵源はあくまでも日蓮にあるのであり、「釈尊が慈悲曠大ならば」となっていないことに留意しなければならない。日蓮が南無妙法蓮華経を初めて弘通した教主であることについては「撰時抄」に「南無妙法蓮華経と一切衆生にすすめたる人一人もなし。この徳は、たれか一天に眼《まなこ》を合わせ、四海に肩をならぶべきや」(一七五頁)と述べられている。

釈迦仏は文上の法華経の教主であっても南無妙法蓮華経を説いてはいないので、南無妙法蓮華経の教主にはならない（さらに言えば、久遠実成の釈迦仏といっても所詮は法華経制作者が創造した観念に過ぎず、いつ、どこに出現したという具体性を持たない架空の存在でしかない。その意味では阿弥陀如来、大日如来、薬師如来などと同列である。「諸法実相抄」で「釈迦・多宝の二仏というも用《ゆう》の仏なり。〈中略〉仏は用の三身にして迹仏なり」〈一七八九頁〉として釈迦仏をも迹仏であると断じている所以《ゆえん》である）。

日興の写本がある「上野殿御返事」（末法要法御書）に「今、末法に入りぬれば、余経も法華経もせんなし、ただ南無妙法蓮華経なるべし。こう申し出だして候もわたくしの計らいにはあらず、釈迦・多宝・十方諸仏・地涌千界の御計らいなり。この南無妙法蓮華経に余事をまじえば、ゆゆしきひが事なり」（一八七四頁）とあるように、釈迦仏法の救済力が失われた末法においては文上の法華経をいかに行じても何の力にもならない。南無妙法蓮華経のみが末法の衆生を成仏せしめる要法となるのである。

ただし、宮田氏は、この「こう申し出だして候もわたくしの計らいにはあらず、釈迦・多宝・十方諸仏・地涌千界の御計らいなり」の文について、「この主張（「今、末法に入りぬれば、余経も法華経もせんなし、ただ南無妙法蓮華経なるべし」という日蓮の主張——引用者）の根拠を『法華経』に求めている」（漆畑正善論文「創価大学教授・宮田幸一の『日有の教学思想の諸問題』を破折せよ」を検討する）と述べているが、それは誤解であろう。南無妙法蓮華経だけが衆生を救済できる大法であるという日蓮の主張は、文上の法華経を根拠にして（法華経に依存して）初めて成立するものではない。いわば、法華経があろうとなかろうと成立する永遠普遍の真理である。その真理は日蓮が勝手に主張しているものではなく、文上の法華経も承認するところであるというのがこの文の趣旨に他ならない。

日蓮は文上の法華経を学び修行して妙法を悟ったのではない。「寂日房御書《じゃくにちぼうごしょ》」に「日蓮となのること、自解仏乗《じげぶつじょう》とも云いつべし」（一二六九頁）とあるように、日蓮は法華経などの経典や他者の教示によって悟達したのではなく、自ら根源の妙法を体得したのである。このことは真蹟断簡が現存する「善無畏三蔵抄《ぜんむいさんぞうしょう》」に「幼少の時より虚空蔵菩薩に願を立てて云わく『日本第一の智者となし給え』と云々。虚空蔵菩薩、眼前に高僧とならせ給いて、明星のごとくなる智慧の宝珠を授けさせ給いき。そのしるしにや、日本国の八宗ならびに禅宗・念仏宗等の大綱、ほぼ伺い侍りぬ」（一一九二頁）とあり、また真蹟がかつて存在していた「清澄寺大衆中」に「生身《しょうしん》の虚空蔵菩薩より大智慧を給わりしことありき。『日本第一の智者となし給え』と申せしことを不便《ふびん》とや思《おぼ》しめしけん、明星のごとくなる大宝珠を給わって右の袖にうけとり候いし故に、一切経を見候いしかば、八宗ならびに一切経の勝劣、ほぼこれを知りぬ」（一二〇六頁）とあることからも明らかである（虚空蔵菩薩とは大宇宙〈虚空蔵〉を貫く智慧の人格的表現であるから、日蓮己心の虚空蔵菩薩というべきであろう）。

④日蓮が釈迦仏を宣揚した理由

以上述べてきたように、日蓮は自身が末法の教主（本仏）であることを明言する一方で、御書の随所において「教主釈尊」と釈迦仏を宣揚し、時には「この日本国は釈迦仏の御領なり」（二〇八二頁）とまで述べている。この点はどのように考えるべきであろうか。端的に言えば、浄土教（念仏）や密教が大きな力を持っていた当時、ともすれば阿弥陀如来や大日如来などへ傾斜しがちな人々の心を釈迦如来に引き戻すことによって、法華経が文底において暗示している妙法（南無妙法蓮華経）を弘通しようとした化導上の方便、戦略として理解すべきであろう。

この点は、経典の次元において、日蓮が他の経典に対して法華経の卓越性を繰り返し強調したことと同じ意義と考えられる。日蓮の化導においては南無妙法蓮華経を弘通することによって一切衆生を成仏へ導くことが本来の目的であり、文上の法華経を弘通することは目的ではない（法華経を最勝の経典として宣揚し、弘通することは天台や伝教が既になしたことであり、日蓮は天台・伝教と同じことを行おうとしたのではない）。文上の法華経は衆生を救済する力を喪失しており、池田大作創価学会名誉会長が「二十八品は、三大秘法の仏法の序分として流通分として用いるのである」（旧版『創価学会版　妙法蓮華経並開結』序文）と述べているように、文上の法華経はあくまでも南無妙法蓮華経を弘通するための序分・流通分として用いるに過ぎない。

この点について、大石寺第六十五世日淳《にちじゅん》は次のように述べている。

「けつして聖人の御主意は法華経そのものを御弘通なさるものではない。（中略）聖人が法華経を最第一として此の経を押し立てられたのは、一には諸宗の謗法を破する順序からと、一には此の経がその権威を現はしてこそ初めて末法に上行菩薩と三大秘法とが出現する因縁が明らかになるからである」（『日淳上人全集』八八八頁）

日蓮が南無妙法蓮華経を弘通するためには、その前提として念仏や真言密教などの諸宗を破折していく実践が必要であった。そのための不可欠の前提として法華経の最勝性を強調したのである。法華経を宣揚したのと同様に、日蓮は釈迦仏を宣揚することによって阿弥陀や大日などの諸宗の教主を退けたといえよう。五重の相対の視点から言えば、南無妙法蓮華経が万人を救済する根源の法であり、日蓮がその妙法を弘通する教主であるという種脱相対の次元の理解を当時の民衆に直ちに求めることは困難であった。そこで日蓮は、その奥底の教理に人々を導くための前提ないしは手段として、権実相対、本迹相対に当たる内容を繰り返し説かなければならなかった。法華経ならびに釈迦仏の宣揚は、その意味において理解すべきである。

⑤曼荼羅本尊の相貌に表れる日蓮の真意

個々の門下を化導するための配慮、方便として、日蓮は釈迦仏を「教主釈尊」と宣揚したが、日蓮の真意は曼荼羅本尊の相貌に明瞭に表れている。日蓮の思想を知るためには文献を検討するだけでは不十分で、日蓮が図顕した曼荼羅本尊まで考察しなければならない。本尊には個々人に対する配慮を超えた日蓮の教義の真髄が示されているからである。

日蓮が初めて曼荼羅本尊を図顕したのは竜の口《たつのくち》の法難における「発迹顕本《ほっしゃくけんぽん》」の後、佐渡に護送される前日である。この初めての曼荼羅本尊について拙著『新版　日蓮の思想と生涯』で次のように述べた。

「日蓮は、佐渡流罪の処分が最終的に確定した後、佐渡に向けて出発する前日の文永八年十月九日に初めて文字曼荼羅を図顕している。この曼荼羅は、身辺に筆がなかったためか『楊枝《ようじ》』で記されており（当時は柳などの木の枝の一端をかみ砕いてブラシ状にし、口中の汚れを取るのに用いた。これを房《ふさ》楊枝と呼ぶ）、そのため『楊枝本尊』と称される（京都・立本寺蔵）。中央に『南無妙法蓮華経』の首題が大書され、その向かって左に『日蓮（花押）』の名が示されている。左右の肩に梵字で不動明王と愛染明王が記されているが、釈迦牟尼仏・多宝如来を含めて後の曼荼羅に記されている十界の諸尊も四大天王も一切書かれていない。もっとも簡略な形の曼荼羅である。しかし『文永八年太歳辛未十月九日』『相州本間依智郷　書之』と、日付および図顕の地が明記されている。楊枝本尊はもっとも簡略な形の曼荼羅であるため、その相貌には日蓮図顕の曼荼羅の本質が表れている。すなわちこの最初の文字曼荼羅の相貌は、文字曼荼羅の本質的要素が南無妙法蓮華経と日蓮花押にあり、釈迦・多宝の二仏は略されてもよい派生的なものであることを物語っている」（同書二〇七頁）

釈迦・多宝の二仏を略した曼荼羅は現存する日蓮真筆の曼荼羅でも五幅を数え、その中には弘安年間に図顕されたものもある（松本佐一郎『富士門徒の沿革と教義』二二七頁）。日興の書写本尊にも二仏を略したものが存在する。日蓮図顕の曼荼羅本尊において常に「南無妙法蓮華経日蓮（花押）」と大書され（これが欠けた曼荼羅は一例もない）、一方では釈迦・多宝が略される場合があるという事実は、日蓮こそが南無妙法蓮華経と一体の本仏（教主）であることを示しており、それが日蓮の真意であると解すべきである。もしも日蓮が奥底の真意において釈迦本仏義に立っていたならば、曼荼羅の中央に「南無妙法蓮華経　日蓮」と書かずに「南無釈迦牟尼仏」としたためるか、もしくは釈迦・多宝の二仏を並べる形になっているはずであろう。実際には一幅としてそのような形の曼荼羅がないところに日蓮が釈迦本仏義をとっていないことが表れている。

⑥天台大師が示す教主交代の思想

天台大師によれば、釈迦仏の化導は、本から善根をもっている衆生に対して行うものであり、初めから善根をもっていない衆生に対しては有効性をもたない。そのような衆生に対しては、不軽菩薩のように、より偉大な法を直ちに説いて逆縁によって救済する以外にない。つまり、仏法の化導法には釈迦仏が行った順縁の方式と不軽が行った逆縁の方式の二つがあり、前者が無効になった時代には後者を用いなければならないということである。そのことを教主の視点から言えば、釈迦仏の化導が無効になった時代には不軽に当たる存在が釈迦仏に代わってその時代の教主となるという「教主交代」の原理がそこに示されている（不軽菩薩は釈迦仏の成道以前の修行時代の名前と説かれるが、日蓮が「釈尊、我が因位の所行を引き載せて、末法の始めを勧励したもう」〈一八一〇頁〉と述べているように、釈迦仏の過去世の姿という形を借りて実際には未来に出現する法華経の行者の実践を示すものになっている）。

本已有善《ほんいうぜん》の衆生が尽きて本未有善《ほんみうぜん》の衆生だけになった時代とは釈迦仏法の救済力が失われた末法に他ならない。日蓮は、この『法華文句』の文を引いて、真蹟が完存している「曾谷入道殿許御書《もと》」で次のように述べている。

「今は既に末法に入って、在世の結縁の者は漸々《ぜんぜん》に衰微して、権実の二機皆ことごとく尽きぬ。彼の不軽菩薩、末世に出現して毒鼓《どっく》を撃たしむるの時なり」（一三九三頁）

日蓮は佐渡流罪以降、自身と不軽菩薩との一致を強調した。例えば、かつて真蹟が存在していたことが明らかである「顕仏未来記」には次のように記されている。

「例せば、威音王仏《いおんのうぶつ》の像法の時、不軽菩薩「我深敬《がじんきょう》(我は深く敬う)」等の二十四字をもって彼の土に広宣流布し、一国の杖木等の大難を招きしがごとし。彼の二十四字とこの五字とは、その語殊《こと》なりといえども、その意これ同じ。彼の像法の末とこの末法の初めとは、全く同じ。彼の不軽菩薩は初随喜の人、日蓮は名字の凡夫なり」(六〇九頁)

日蓮が自身と不軽の一致を強調するのは、日蓮が不軽菩薩と同じ逆縁の方式をもって本未有善の衆生を救済していく末法の教主であるとの確信に立っていたことを示している。このように解するならば、「曾谷入道殿許御書」「顕仏未来記」は、両者あいまって日蓮の中に日蓮本仏論があることを示す文献ということができる。

この両抄は、それぞれ単独でも日蓮本仏論をうかがうことのできる内容がある。「顕仏未来記」では正嘉の大地震などの天変地夭が仏陀釈尊の生滅の時に現れた瑞相に匹敵するものであるとし、「当に知るべし、仏のごとき聖人生まれたまわんか」(六一一頁)と、日蓮が聖人(仏)であることを示唆している。また「曾谷入道殿許御書」には「予つらつら事の情《こころ》を案ずるに、大師(伝教大師のこと——引用者)、薬王菩薩として霊山会上に侍《じ》して、仏、上行菩薩出現の時を兼ねてこれを記したもう故に、ほぼこれを喩《さと》すか。しかるに、予、地涌の一分にあらざれども、兼《か》ねてこのことを知る故に、地涌の大士に前《さき》立ってほぼ五字を示す」(一四〇八頁)と末法の教主が上行菩薩であることを示し、謙遜の表現ながらも日蓮が妙法五字を弘通する教主であることを明かしている。

天台大師が釈迦仏に代わる新しい仏の出現を予見した文は、先に引いた釈迦と不軽を対比した文だけではない。法華経宝塔品で、釈迦・多宝の二仏が宝塔の中で並座したと説かれることについて、天台は『法華文句』で「前仏已《すで》に居し、今仏並びに座す。当仏もまた然《しか》なりと」（大正蔵三四巻一一三頁）と述べている。「前仏」とは多宝如来であり、「今仏」とは釈迦牟尼仏である。天台は、多宝・釈迦と並んで未来の仏（当仏）も宝塔の中に座るというのである。すなわち天台は久遠実成の釈迦仏も永遠不滅の存在と捉えず、未来には新たな仏が出現することを予言している。実際に法華経は、寿量品で釈迦仏の五百塵点劫の成道を説きながら、次の分別功徳品ではその釈迦仏も永遠不滅の存在ではなく、仏の「滅後」があることを強調し、「悪世末法」の到来を説いている。天台の洞察は、この分別功徳品の趣旨にも合致していることが理解できよう。

この『法華文句』の文は日蓮が「御義口伝《おんぎくでん》」で宝塔品を論じた冒頭に引用している文である（宮田氏は「御義口伝」「御講聞書《おこうききがき》」を後世の偽作として全面的に排除する立場に立っているが、それは適切とは思われない。「御義口伝」「御講聞書」は日蓮の思想をうかがうための重要資料として用いるべきである）。

周知のように、日蓮は釈迦・多宝の二仏が並座する虚空会の様相を用いて曼荼羅本尊を図顕したが、先の『法華文句』の文を曼荼羅本尊の相貌に当てはめるならば、釈迦・多宝と同様に宝塔の中に座る「当仏」（未来の仏）とは二仏の間の中央に大書される「南無妙法蓮華経　日蓮」に他ならない。その相貌は釈迦・多宝が「南無妙法蓮華経　日蓮」の脇士《きょうじ》になることを意味している（このことは「報恩抄」に「いわゆる宝塔の内の釈迦・多宝、外《ほか》の諸仏ならびに上行等の四菩薩、脇士となるべし」〈二六一頁〉と述べられている）。

⑦仏教の東漸と西還——仏教交代の原理

日蓮は正像に仏教がインドから中国・日本へと東漸したことに対し、末法には仏教が日本からインドへと西還することを強調した。例えば「顕仏未来記」には次のように説かれている。

「月は西より出でて東を照らし、日は東より出でて西を照らす。仏法もまたもってかくのごとし。正像には西より東に向かい、末法には東より西に往く」（六一〇頁）

「既に後の五百歳の始めに相当たれり。仏法必ず東土の日本より出ずべきなり」（六一一頁）

また、「諫暁八幡抄」の真蹟部分には次のようにある。

「天竺国をば月氏国《がっしこく》と申す、仏の出現し給うべき名なり。扶桑国《ふそうこく》をば日本国と申す、あに聖人出で給わざらん。月は西より東に向かえり。月氏の仏法の東へ流るべき相なり。日は東より出ず。日本の仏法の月氏へかえるべき瑞相なり。月は光あきらかならず。在世はただ八年なり。日は光明、月に勝れり。五の五百歳の長き闇を照らすべき瑞相なり。仏は法華経謗法の者を治し給わず。在世には無きゆえに。末法には一乗の強敵《ごうてき》充満すべし。不軽菩薩の利益《りやく》これなり」（七四七頁）

この両抄において日蓮は、正法・像法時代にインドから出て日本に伝わった仏教を月に譬え、末法に日本からインドに還っていく仏教を太陽に譬えて、末法出現の仏教の力用が正像の仏教に勝るとしている。正像に西から東に伝わった釈迦仏法が正法誹謗の者を救えなかったのに対し、末法の日本に出現した仏法は不軽菩薩が逆縁をもって衆生を利益した原理に基づき、正法誹謗の強敵をも救済する力用を具えることを明示する。

末法の日本に出現してインドに西還していく仏教とは日蓮が確立した仏教に他ならない。すなわち日蓮は、自身が確立し未来に弘通する仏教が従来の釈迦仏教を踏まえながらもそれを超越した新たな仏教であることを明らかにしたのである。釈迦仏法から日蓮仏法への転換、交代がここに明確に示されている。「あに聖人出で給わざらむ」との言葉は、末法万年の闇を照らす仏教を創始した日蓮こそ末法の本仏（教主）であるとの宣言と解することができる。

⑧上行への付嘱の意味――教主交代の思想

法華経は従地涌出品第十五において釈迦仏の滅後に法華経を弘通する主体者として六万恒河沙の地涌の菩薩を出現せしめ、神力品第二十一において地涌の菩薩、なかんずくその上首である上行菩薩に仏滅後に法華経を弘通する使命を付嘱した。すなわち、法華経は釈迦仏の滅後に仏法弘通の使命を担う地涌の菩薩の出現を予言した経典である。ただし、神力品で釈迦仏が地涌の菩薩に弘通の使命を託した法体は文上の法華経ではなく、文底において暗々裏に指し示した根源の妙法と解すべきである。この根拠について、筆者は拙著『新法華経論』で次のように述べた。

「この裏付けとして、神力品の偈において『秘要』の言葉が用いられていることが挙げられよう。神力品の偈では次のように説かれる。『諸仏が道場に座って得た秘要の法を、この経を受持する者はわずかの間に得るだろう』と。諸仏が得たのは『秘要の法』であり、それを『この経（＝法華経）』を受持することによって得ることができるというのである。すなわち、テキストとしての『この経（法華経）』と『秘要の法』は同一ではない。法華経を通して秘要の法に至るのである。ここでいう『この経』とは、法華経の文上の言葉において示された内容である。『秘要の法』とはその文上の内容が暗々裏に指し示した隠された秘密の法であり（文によって明示的に示されていないという意味で『文底』である）、羅什が経典の題号に示した『妙法』に他ならない。あらゆる仏はその妙法を得ることによって仏と成ったのであり、まさにこの秘要の法（＝妙法）こそ、あらゆる仏を仏ならしめた根源の存在である。神力品は、寿量品と同様に、文上・文底という二重構造の存在を明かしているのである」（同書三二九頁）

法華経は、法華経自体が人々を救済する力を喪失した末法に根源の妙法を弘通する無数の地涌の菩薩が出現することを予見し、そのことによって地涌の菩薩の弘通を助けようとしたのである。この神力品の予言に応えて末法に妙法を弘通した存在こそ日蓮に他ならない。すなわち、法華経は末法における日蓮の出現を予言したところにその意義がある。この点について日蓮は「法華取要抄」で法華経は誰のために説かれたのかという問題を提起し、「寿量品の一品二半は、始めより終わりに至るまで、正しく滅後の衆生のためなり。滅後の中には、末法今時の日蓮等がためなり」（一五四頁）、「疑って云わく、多宝の証明、十方の助舌、地涌の涌出、これらは誰人のためぞや。答えて曰わく、（中略）これらの経文をもってこれを案ずるに、ひとえに我らがためなり」（一五五頁）と述べている。

事実の上で日蓮以外に妙法を弘通した存在はいないのであるから、日蓮が上行菩薩の再誕に当たるとの認識は広く日蓮在世の門下にもあったと考えられる。日興の写本がある「頼基陳状」

に「日蓮聖人御房は、三界の主・一切衆生の父母たる釈迦如来の御使い上行菩薩にて御坐《おわ》しまし候いける」（一五七九頁）とあることがその裏づけとなろう。今日においても日蓮宗各派は日蓮が上行菩薩に当たるとする認識ではほぼ一致している。

もちろん日蓮は通常の御書において自身が上行菩薩に当たると明言することはなく、「地涌の菩薩のさきがけ日蓮一人なり」（「諸法実相抄」一七九〇頁）、「地涌の菩薩の出でさせ給うまでの口ずさみにあらあら申して」（「本尊問答抄」三一五頁）、「日蓮はこの上行菩薩の御使いとして」（「寂日房御書」一二六九頁）等と、一貫して謙遜の表現に終始している。上行菩薩は釈迦仏から末法弘通の大権を授与された末法の教主であるから、自身が上行であると明言することは人々の疑惑を生じかねないので注意深く回避したのであろう。

問題は、日蓮宗各派が「日蓮＝上行」との認識は持っているが、上行が釈迦仏から末法弘通の権限を与えられた、いわば「如来の使い」であるから、やはり仏教全体の教主（本仏）は釈迦仏で、上行は釈迦仏より下位に当たる菩薩に過ぎないとしていることである（日蓮宗各派による「日蓮大菩薩」の呼称もその認識による）。宮田氏も同様の見解に立っているようで、漆畑正善論文「創価大学教授・宮田幸一の『日有の教学思想の諸問題』を破折せよ」に反論した論文の中で宮田氏は「末法の主師親としての日蓮は、あくまでも仏道全体の主師親である久遠実成仏から、末法の衆生救済という権限を与えられたと日蓮自身も認めていると私は理解している」と述べている。

もちろん、経典の文字の上では地涌の菩薩は久遠実成の釈迦仏から教化されてきた弟子であり、地涌の上首である上行菩薩は釈迦仏から末法における仏法弘通の使命を託され、その権限を与えられた存在として説かれている。日蓮自身も先に引いた「頼基陳状」をはじめ、経典上の内容を尊重することを基本とした。しかし、地涌の菩薩の本質は経典の表面的な教相だけで把握できない面がある。そのことを示すのが地涌の菩薩を登場させた涌出品の内容である。

まず、地涌の菩薩は身体が金色で、三十二相を具え、無量の光を放っていると説かれる。眉《み》間白毫相《けんびゃくごうそう》などの三十二相は仏や転輪聖王が具える徳相で、通常の菩薩が持つものではない。このことは地涌の菩薩が通常の菩薩の範疇を超えたものであることを示唆している。さらに驚くべきことは、地涌の菩薩が師匠である釈迦仏をも超える尊貴な姿を持っていると説かれることである。釈迦仏は、地涌の菩薩は自分が久遠の昔から教化してきた存在であると説くが、対告衆である弥勒菩薩をはじめとする会座の大衆はその仏の言葉を信ずることができない。釈迦仏はガヤ城の近くで成道してから四十余年過ぎただけなのに、どうしてこの短期間に六万恒河沙もの地涌の大菩薩を教化することができたのか、という疑問を抱いたからである。そして、釈迦仏が地涌の菩薩を教化したと説いたことも、譬えて言えば二十五歳の青年が百歳の老人を指して「この者は私の子供である」と言うようなもので、到底信ずることができないというのである。

菩薩とは本来、成仏を目指して修行に励む存在をいう。その菩薩が目標としている仏よりも既に偉大な姿を持っているという。また、地涌の菩薩は釈迦仏から教化されてきた弟子とされているのに、地涌の菩薩の方が師匠を超えた尊貴な相を具えているとされる。これは、通常の観念では理解できない「謎」という以外にない。この謎については、古来、ほとんど考察されておらず、謎のままで放置されてきた。日蓮宗の学者の中にはこの謎が解明できないので、後世に付加された部分であるとして、自分の理解が及ばない箇所を切り捨てようとする者すらある。しかし、「仏を超えた菩薩」「師匠以上の境涯の弟子」という、この不可解な謎にこそ地涌の菩薩の本質を示唆する鍵がある。

この点について、拙著『新法華経論』では次のように論じた。

「仏よりも尊高な菩薩、師よりも偉大な弟子――。これは何を意味しているのか。それはすなわち、地涌の菩薩は『菩薩』として登場しているが、その実体は菩薩の範疇を超えた存在、すなわち仏であることを暗示しているといえよう。

地涌の菩薩が娑婆世界の下方の虚空に住していたとされることも、彼らが生命の根底である第九識に立脚していること、すなわち仏の境涯にあることを象徴している。また、地涌の菩薩が仏の特徴である三十二相を具えるとされていることも、その本質が仏であることを示すものと解せられる。（中略）

すなわち、地涌の菩薩が菩薩として法華経の会座に登場するのはあくまでも外に現れた姿（外用《げゆう》）に過ぎず、その本質（内証）はすでに妙法を所持している仏である。地涌の菩薩が仏として登場しないのは、経典の約束事として一つの世界の教主である仏はあくまでも一仏であり（多宝如来のように他仏が証明役として登場することはあるにしても）、教主以外の仏が並列しては混乱をきたすことになるからであろう。

これは何を意味しているのか。それはすなわち、地涌の菩薩は『菩薩』として登場しているが、その実体は菩薩の範疇を超えた存在、すなわち仏であることを暗示しているといえよう。

地涌の菩薩が娑婆世界の下方の虚空に住していたとされることも、彼らが生命の根底である第九識に立脚していること、すなわち仏の境涯にあることを象徴している。また、地涌の菩薩が仏の特徴である三十二相を具えるとされていることも、その本質が仏であることを示すものと解せられる。

天台大師が『法華文句』で地涌の菩薩を指して『皆これ古仏なり』（大正蔵三四巻一二五頁）と述べている通り、地涌の菩薩は単なる菩薩ではなく、その本質は仏であると解さなければならない。涌出品は、次の寿量品で釈迦仏の本地が久遠の昔に成道した仏であることを示すために地涌の菩薩が釈迦仏によって教化された弟子であるという構成をとらざるを得ず（釈迦仏が無数の大菩薩を教化してきたとすることによって、釈迦仏が今世で初めて成道した仏ではないことを示すことができる）、地涌の菩薩の本地が仏であることを明からさまには示せないので、それを暗々裏《あんあんり》に示すために仏よりも尊高な菩薩という不可解な表現をとったと解せられる。そこに、暗喩《あんゆ》を駆使した法華経の巧みな手法を見ることができる。

また、仏を菩薩として登場させたところに法華経の深い意図がある。つまり地涌の菩薩は、外には菩薩の姿をとる仏、すなわち『菩薩仏』である。それまで仏といえば、法華経の教主である釈迦仏を含めて、色相荘厳《しきそうそうごん》の姿をとる、仏果を成就した『完成者』『到達者』として描かれてきた。しかし、菩薩仏は完成者ではなく、未完成の姿をとる。それでいて、妙法とともに生きる仏の境地に住している。それはいわば未完成を含んだ完成、完成を含んだ未完成といえよう。菩薩仏は、これまでにない新しい類型の仏であり、さらに言えば、『仏』の概念の変革をもたらすものである。それまで諸教で説かれてきた完成者、到達者としての仏は、伝統的な表現を用いれば『本果』の仏であった。それに対して地涌の菩薩として登場した菩薩仏は『本因』の仏である」(同書二五六頁)

天台大師の「皆これ古仏なり」との釈は、さすがに地涌の菩薩の本質を正しく洞察したものであった。すなわち、地涌の菩薩、なかんずくその上首である上行菩薩は釈迦仏から末法弘通の権限を与えられた「使い」の形で経典には登場しているが、それは上行の真実の姿ではなく、本当は本来妙法を所持していた久遠の仏(古仏)と解さなければならない。神力品における上行菩薩への付嘱とは、実は末法の到来とともに仏から仏へと教主が交代することを示す儀式と理解すべきなのである。この点について、池田大作名誉会長は『法華経の智慧』で次のように述べている。

「神力品の『付嘱』の儀式は、端的に言うならば、『本果妙の教主』から『本因妙の教主』へのバトンタッチです。それは、燦然たる三十二相の『仏果』という理想像を中心とした仏法から、凡夫の『仏因』を中心とした仏法への大転換を意味する。凡夫の素朴な現実から離れない仏法への転換です」（同書第五巻一九〇頁）

末法は釈迦仏法の救済力が失われた時代であるから、釈迦仏は正像の教主ではあっても末法の教主となることはできない。だからこそ神力品は上行が末法の教主として出現することを予言し、教主交代の儀式を行ったのである。真蹟が各地に現存する「下山御消息」に日蓮自身を指して「教主釈尊より大事なる行者」（二九九頁）とあるのは日蓮に末法の教主との自覚が確立していたことを示している（釈迦仏の単なる「使者」や「弟子」が「教主釈尊より大事」になる道理はない）。

上行の本地が仏であることを了解したならば、日蓮＝上行の認識に立つ以上、日蓮が取りも直さず末法の仏であることが了解できることになる。地涌の菩薩を巡る法華経涌出品および神力品の説相と天台大師の洞察は、上行の再誕として出現した日蓮が実は末法の教主であるという日蓮本仏論を裏づけるものとなっているといえよう。

⑨真偽未決の御書について

これまで、真蹟および直弟子写本が現存（あるいは曾存《そうそん》）する御書をもとにして日蓮自身に日蓮本仏論が存在したことを述べてきたが、それは宮田氏が真蹟や直弟子写本のない御書を偽書として扱い、日蓮の教義を考察する資料からは排除する立場に立っているからである（真蹟・古写本がない御書まで考察の範囲を広げれば、日蓮自身に日蓮本仏論があったことについて更に多くの裏づけを得ることができる）。しかし、日蓮の思想を把握する資料として真蹟および直弟子写本が現存（あるいは曾存）する御書だけに限定する在り方は必ずしも適切とは思われない。この問題についても拙著『新版　日蓮の思想と生涯』で少し述べたので、次のように該当箇所を引いておくこととする。

「日蓮の思想や事跡を考察する根拠として、御書の中でも真筆が現存するもの、真筆がかつて存在していたことについて確証があるもの、直弟子または孫弟子の写本があるもの以外は基本的に偽書と見なして全面的に排除する傾向が見られる。しかし、このような在り方は妥当ではないと思われる。誰が見ても明らかな偽書と判断されるものを除くのは当然だが、そうでないものは真偽未定となる。真偽未定のものは偽書と断定できないので、真書である可能性があることを否定できない。

かつては真筆や古写本が存在していても、戦乱や火災等の歴史的偶然によってそれらが失われた例も少なくないであろう。真筆や古写本が現存しているのは、それらが失われるような災厄にたまたま遭わなかったという僥倖《ぎょうこう》による。真筆が現存しない御書を全面的に排除するということは、不幸にして真筆滅失の災厄に遭った御書をも全て切り捨てることに他ならない。

真筆あるいは古写本が現存（または曽存）するものだけを用いるという在り方は、日蓮の思想を考えるための根拠をサイコロの目のような偶然に委ねることになる。

真偽未定の御書で、かつては偽書の疑いが強いとされていたものでも、後に真筆や古写本が発見された例もある。『諸人御返事』（御書全集一二八四頁）はその例である。同抄は録外に属するので、偽書の疑いが強く掛けられていたが、真筆三紙が完全な形で大正時代に発見された（千葉・本土寺蔵）。同抄に限らず、『内記左近入道殿御返事《ないきさこんにゅうどう》』など、近年になって真筆や古写本が発見される例は少なくない。このような例もあるので、現時点で真筆が存在しない御書をそれだけの理由で偽書と言い切ることはできない。

また、かつて偽書説が強く言われていた御書でも、従来とは全く異なる角度から検討した結果、逆に真書の可能性が高いとの判断が出た例もある。その典型が『三大秘法抄』である。同抄は真筆がないために、古来、真偽の議論が盛んになされてきたが、近年、計量文献学の研究をもとに同抄の用語などをコンピュータで解析した結果、真書の可能性が高いとの結論が出た（伊藤瑞叡『いまなぜ三大秘法抄か』）。

計量文献学だけでなく、将来にはそれまでの発想では考えられない新しい観点から検証されていく可能性も大いにありうるだろう。

このように、真偽の判断も決して確定したものではなく流動的であり、現在、偽書の疑いが濃いとされているものでも一転して真書と見なされることもありうる事態である。このように考えてくると、真偽未定の御書を一律に排除する在り方は多くの真書を切り捨てる恐れが大きく、厳密なように見えて真偽に余りにもこだわり過ぎており、行き過ぎと言うべきであろう。

真偽未定の御書を全面的に排除する在り方について勝呂《すぐろ》信静《しんじょう》博士は『日蓮聖人の宗教思想を実態よりも狭小に限定することになりかねないと思う。それは偏った日蓮像を作りあげることにもなるであろう』（「御遺文の真偽問題」）と述べている。博士の意見に同意したい」（同書一七七頁）

⑩日興門流による日蓮本仏論の継承

宮田氏は、日蓮本仏論は日蓮自身になかったとするだけでなく、日興にもなく、大石寺第六世日時《にちじ》（不明～一四〇六年）で明らかになり、第九世日有《にちう》（一四〇二年～一四八二年）において明確に主張されるようになったとする。すなわち氏は「日有の教学思想の諸問題（1）」で次のように言う。

「筆者は大石寺教学の特徴である日蓮本仏論は開山日興（1246-1333）、重須学頭三位日順（1294-1356-?）、四世日道（1283-41）にはまだ見られないと考えており、その思想は六世日時（?-1365-1406）の『本因妙抄』写本で明らかになり、九世日有においてさらにより明確に主張されたと考えている」

しかし、この見解には賛成しがたい。先に見たように、日蓮本仏論は日蓮自身において既に明確に存在しており、その教義は日興を含めて日興門流に一貫して維持されてきたものと捉えるべきであろう。

まず、日興において日蓮本仏論があったかどうかを見てみよう。

広く知られていることだが、日興の多くの消息によれば、日興は日蓮を「聖人」「仏聖人」「法華聖人」「法主聖人」「仏」などと呼んで、門下から寄せられた供養の品々を常に日蓮の御影《みえい》に供えている（日興の「西坊主御返事」に「御影の御見参に申上まいらせて候」〈『歴代法主全書』第一巻一〇五頁〉とあること、「日順雑集」に「聖人御存生の間は御堂無し、御滅後に聖人の御房を御堂に日興上人の御計いとして造り玉ふ。御影を造らせ玉ふ事も日興上人の御建立なり」〈『富士宗学要集』第二巻九五頁〉とあることから、日興が日蓮の御影を造っていたことは確実と見られる。ただし、「富士一跡門徒存知の事」に「日興云わく『まず影像を図する所詮は、後代に知らしめんがためなり。是に付け非に付け、ありのままに移すべきなり』」〈二一七七頁〉とある通り、日蓮の御影像は日蓮の容貌を後世に伝えるために造立されたものであり、本尊ではない。日興における本尊は文字曼荼羅以外にない）。

日蓮を「仏聖人」「法主聖人」等と呼び、また供養を常に日蓮の御影に供えた日興の振る舞いに見る限り、日興が日蓮を仏として尊崇していたことがうかがえる。また重大なことは、日興の文書において供養の品を釈迦仏に供えたという記述が一切存在しないということである。この事実は、日興が自身の信仰において日蓮本仏義に立ち、釈迦本仏義を退けていたことを示すものとして理解できよう。

さらに注目すべきは日興による文字曼荼羅書写の在り方である。日興は文字曼荼羅をしたためることを「書写」と称し、日蓮が文字曼荼羅を図顕したことと自らの行為を同列に置かず、日蓮図顕の文字曼荼羅の様式を書写するという立場を明確にした。具体的には、文字曼荼羅の中央に南無妙法蓮華経の首題の下に「日蓮　在御判」としたため、自らの名前は「書写之」の言葉とともに記して（「書写之　日興〈花押〉」とした）、自分が当該曼荼羅を書写した当人であるとの責任を明らかにしている。日興が終生にわたって貫いたこの曼荼羅書写の書式は日興門流において今日まで堅持されている。

それに対して五老僧の流れを汲む他門流では中央の首題の下には曼荼羅をしたためた当人の名前を記す形が一般であった。例えば、日朗がしたためた曼荼羅には中央に「南無妙法蓮華経日朗（花押）」となっている。これは、日蓮が曼荼羅を図顕した際に南無妙法蓮華経の下に「日蓮（花押）」としたためたのに倣《なら》って、南無妙法蓮華経の下には曼荼羅を書いた当人の署名・花押を記すものと受け止めたからであろう（他門流の曼荼羅では日蓮の名前を伝教大師の外側に記すなど、諸尊の一つとして記載する例も少なくない）。

このように、文字曼荼羅の書き方において日興門流と他門流では大きな相違がある。それは、日蓮の位置づけが日興と日昭・日朗ら五老僧の間では大きく異なっていたことを意味している。日昭・日朗らは日蓮を南無妙法蓮華経と一体の本仏と捉えられず、自身と同列の存在と位置づけていたのに対し、日興は自身を日蓮の弟子と位置づけ、日蓮を南無妙法蓮華経と一体不二の末法の本仏と捉えていたと解することができよう。日興が堅持した文字曼荼羅書写の形式は、日興が日蓮本仏義に立っていたことを強く類推せしめる。

日興の著作や消息に日蓮本仏論を明示しているものはない。しかし宮田氏のように、文献上にないからその思想が存在しないと判断することは、人間の思想が全て文献に表れているという前提に立つものであり、その前提そのものが文献に偏り過ぎた誤りであろう。むしろ、人間は自己の思想を必ず全て言語に表すものではない。明確な思想を持っていても、それを言語に表す必要もないとして、言語表現を抑制する事情や心理がありうることは当然のことである。日興の場合、日蓮本仏義は自身にとっても周囲の高弟にとっても当然の前提であり、またその教義が他門流が受け止められない日蓮仏法の奥義であるという事情などを鑑《かんが》みて、あえて著述に明示することはなかったと考えることができよう。

日興は日蓮本仏義を著作の中で示すことはなかったが、日興の高弟の中にはそれを行った者もあった。その代表は日興が開設した重須《おもす》談所の第二代学頭であった三位日順（一二九四年〜一三五六年）である。

日順は日興存命中の一三一八年に記した「表白」において「我が朝は本仏の所住なるべき故に本朝と申し・月氏震旦《がっししんたん》に勝れたり・仍《よ》つて日本と名く、富士山をば或は大日山とも号し・又《また》蓮華山とも呼ぶ、此れ偏へに大日本国の中央の大日山に日蓮聖人大本門寺建立すべき故に先き立つて大日山と号するか、将《は》た又妙法蓮華経を此処に初めて一閻浮提に流布す可き故に・蓮華山と名づくるか」（『富士宗学要集』第二巻一一頁）として、日蓮を「本仏」と明言している。

しかし、宮田氏はこの「表白」の文の「本仏」は日蓮を指すものではないとし、『観心本尊抄』などで「久遠実成釈尊」の「仏像」が正法、像法時代には出現していなかったのに対して、末法日本において日蓮が曼荼羅の中で図顕したということを受けた表現と解釈できると思っている」（日興の教学思想の諸問題（2）——思想編）と述べている。宮田氏のこの解釈は、そうとう無理な、いかにも苦しい解釈と言わざるを得ない。

「表白」のこの文は、「観心本尊抄」を念頭に置いたものではない。むしろ日順自身が執筆し、日興の印可を得たとされる「五人所破抄」の「日本とは総名なり。また本朝を扶桑国《ふそうこく》と云う。富士とは郡の号、即ち大日蓮華山と称す。ここに知んぬ、先師自然の名号と妙法蓮華の経題と、山州共に相応す。弘通この地に在り。遠く異朝の天台山を訪えば、台星の所居なり。大師、彼の深洞を卜《ぼく》して迹門を建立す。近く我が国の大日山を尋ぬれば、日天の能住なり。聖人この高峰を撰んで本門を弘めんと欲すなり聖人此の高峰を撰んで本門を弘めんと欲す」（二一八九頁）に対応したものと解せられる。「五人所破抄」の「先師」「聖人」との対応を考えるならば、「表白」が言う「本仏」はまさに日蓮を指すと解するのが素直な理解であろう。「本仏の所住」との表現は、具体的な人間の存在を想起させるものがある。

また、日興が逝去して三年後の一三三六年に著した「用心抄」では、日順は「問ふて云はく、正像二千年の高祖の弘法は皆以て時過ぐ、当世諸宗の人師を崇重する此れ亦堕獄ならば何れの人法を敬信して現当の二世を祈らんや、答へて云はく、経に云はく、一大事因縁、又云はく世を挙つて信ぜざる所文、然りと雖ども試に一端を示して信謗の結縁とせん、人は上行・後身の日蓮聖人なり、法は寿量品の肝心たる五字の題目なり」（『富士宗学要集』第二巻一四頁）として、法は「五字の題目」、人は「日蓮聖人」が信の対象であると述べている。信の対象とは本尊の意味であるから、この文は日蓮を人本尊とする日蓮本仏義を示すものといえよう。

さらに日順は一三四二年の「誓文」で「親疎有縁の語に依つて非を以て理に処し、或は富福高貴の威を恐れて法を破り礼を乱る、若しくば妄情自由の見を起して悪と知つて改めず若しくば正直無差の訓を聞き善と知つて同ぜざる者は、仏滅後二千二百三十余年の間・一閻浮提の内・未曽有の大漫荼羅・所在の釈迦多宝十方三世諸仏・上行無辺行等普賢文殊等の諸薩埵・身子目連等の諸聖・梵帝日月四天竜王等・刹女番神等・天照八幡等・正像の四依竜樹天親天台伝教等・別して本尊総体の日蓮聖人の御罰を蒙り、現世には一身の安堵を失ひ、却《かえ》って諸人の嘲りを招き・未来には無間に堕ち将《まさ》に大苦悩を受けんとす」（同二八頁）と述べ、日蓮が曼荼羅本尊の総体であるとしている。この文は日蓮と曼荼羅本尊が一体不二であることを示すもので、日蓮本仏義を明示するものとなっている。

この「誓文」について宮田氏は、漆畑正善に対する反論の中で「日順のコスモロジーの中で上位に位置する『大漫荼羅・所在の釈迦多宝十方三世諸仏』等が理念的に勧請され、最後に有縁の具体的な仏神である『本尊総体の日蓮聖人』が『別して』勧請されるという形式を踏んでいる。もし人法一箇の日蓮本仏論が日順にあったら、その日蓮がコスモロジーの下位にあるということは説明されなければならない」と述べ、日順が日蓮本仏論を述べた文ではないと主張している。しかし、この主張は客観的な根拠が何もない極めて恣意的なもので、到底同意できるものではない。「大漫荼羅・所在の釈迦多宝十方三世諸仏」等が日順のコスモロジーの中でどうして上位に当たり、「日蓮」が下位に当たると言えるのか、何の裏づけもない（総別をあえて上下関係に当てはめるならば、法華経の総付嘱・別付嘱のように、むしろ「別」を上位に、「総」を下位に置くのが一般であろう。そもそも曼荼羅本尊の座配を「日順のコスモロジー」とすることも不適切である。曼荼羅本尊の座配は本尊を礼拝する各人が所有している宇宙観の表明などではない）。「誓文」の文を素直に読むならば、「起請文」の形式であろうとなかろうと、法を破り悪を改めない者は曼荼羅本尊に書かれている釈迦・多宝・十方三世諸仏等の罰を受け、別しては曼荼羅本尊の総体である日蓮の罰を受けるという趣旨であることは明らかであり、日順が日蓮を曼荼羅本尊の「総体」と規定していることは誰人も否定できない。むしろ、この文は、日蓮と曼荼羅本尊の一体不二という人法一箇の法理を示した文であると受け止めるのが常識的な態度であろう。

なお、日順の著述とされている「本因妙口決」にも「久遠元初自受用報身とは本行菩薩道の本因妙の日蓮大聖人を久遠元初の自受用身と取り定め申すべきなり」（同八三頁）との明確に日蓮本仏義を示す文がある。宮田氏は本抄に「日蓮宗」の用語があることを取り上げ、「日蓮宗」の用語は一五三六年の天文法華《てんぶんほっけ》の乱以後に使用されるようになった用語であるとして「本因妙口決」を偽書としているが、実際は「日蓮宗」の用語は天文法華の乱以前にも各種の文献に現れており、宮田氏が前提としている認識そのものが完全な誤りである（詳細は拙著『日興門流と創価学会』四五頁以下に記述）。

『富士宗学要集』を編纂した堀日亨は「本因妙口決」について、「この時代として天台色のあるものがある。ゆえに一般日蓮宗では、口決は後人が順師にたくして、天台色のあるものを書いたとみている。しかし日蓮大聖人のもの、そのものが中古天台の説を使用している。ゆえに順師がそうだからといって偽作にするのは変である」（「大白蓮華」第一〇二号二八頁）と述べて偽作説を退け、本抄が日順の撰述によるとの立場に立っている。「本因妙口決」を後人による偽作と断定する根拠はなく、「本因妙口決」が日順撰述である可能性が高い上に、先に挙げた「表白」「用心抄」「誓文」が日順の著述であることが確定している以上、日興とほぼ同時代の宗門上古に既に日蓮本仏論が存在していたことが了解できよう。三位日順に日蓮本仏論がないという宮田氏の見解は日順撰述が確定している文献だけを見る限りでも否定されるのではなかろうか。

宗門上古に日蓮本仏論を説いたのは三位日順だけではない。南條時光の子息である富士妙蓮寺の日眼《にちげん》が一三八〇年に著したとされる「五人所破抄見聞」には「威音王仏と釈迦牟尼とは迹仏也、不軽と日蓮とは本仏也、威音王仏と釈迦仏とは三十二相八十種好の無常の仏陀、不軽と上行とは唯名字初信の常住の本仏也」（『富士宗学要集』第四巻一頁）との明確な日蓮本仏論の表明がある。もっとも、本抄は妙蓮寺日眼の作ではないとの説も出されているが、その論証は必ずしも十分な根拠を示せていない。ここで詳しく議論する余裕はないが、「五人所破抄見聞」が妙蓮寺日眼の作である可能性はなお否定できない。その場合、「五人所破抄見聞」も、三位日順の著述とともに宗門上古に日蓮本仏論があったことを示す裏づけとなろう。

宮田氏の見解によれば、日蓮本仏論は日蓮にも日興にもなかったのであるから、日蓮・日興はともに釈迦本仏の立場に立っていたということになろう。そうなると、六世日時や九世日有に至って、それまでの釈迦本仏義を否定して、突如、他のどの門流も主張していない日蓮本仏義を主張するという教義上の革命を行ったことになる(そもそも、日時に「本因妙抄」の写本があったという宮田氏が立っている前提も近年では疑問視されている。大黒喜道は大石寺所蔵の「本因妙抄」写本の筆跡鑑定を行い、その文字が日時の筆跡ではないことを明らかにした〈『興風』第一四号〉。日時に「本因妙抄」の写本がないということになれば、日時が日蓮本仏論を主張したとはいえず、富士門流において初めて日蓮本仏論を主張したのは日有ということになる)。仮に日有が富士門流の根本教義を従来の釈迦本仏義から日蓮本仏義に切り替えたというのであれば、日有が何故にそれほどの大転換に踏み切ったのか、合理的な説明がなければならない。しかし、宮田氏においてはこの点の説明は一切存在しない。

常識的に考えるならば、日蓮・日興以来、継承されてきた釈迦本仏という根本教義を日有が突然否定して、それまで誰も主張したことのない日蓮本仏義を新たに唱えるに至ったとすることは余りにも不自然であり、ほとんどあり得ない事態であろう。やはり、日蓮本仏論は日蓮・日興という日蓮仏法の源流において既に存在していたのであり、それを日興以後の貫首として初めて明確に表明したのが日有であったと考えるのが妥当であろう。

先に述べたように、日蓮自身に日蓮本仏の思想は明確に存在したが、日興およびそれ以後の貫首はあえてその教義を著述の形で表明することはなかった（三位日順など、それを行った学僧はいたが）。しかし、先に述べた通り、文献に明示されていないからといってその思想が存在しないということにはならない。日蓮本仏論は日蓮仏法の根本教義として日興門流に継承されてきたのであり、日有は貫首として、初めてその奥義を明示することによって仏法を正しく後世に伝えようとしたのである。日有が日蓮本仏論を示した「化儀抄」などの聞き書きを弟子に書き取らせたことも次の少年貫首である日鎮《にっちん》など後継の人々に法門を伝えるためであったと考えられる（当時は少年貫首が続いた時代だった）。日有は「我カ申ス事私ニアラス、上代ノ事ヲ違セ申サズ候」（「聞書拾遺」『歴代法主全書』第一巻四二六頁）として、上代から伝承されてきた教義を誤りなく後世に伝えようとする姿勢を貫いてきた人物である。その日有が日蓮・日興の根本教義を否定して新たな教義を立てるということはあり得ないというべきだろう。

（5）釈迦仏像の礼拝を容認すべきか

宮田氏は公表されている論文「学問的研究と教団の教義―創価学会の場合」では明言を避けているが、他の論文では明らかに釈迦仏像の造立・礼拝を認める場合もあり得るとする。例えば「日興の教学思想の諸問題（2）――思想編」で氏は次のように述べている。

「日蓮、日興の思想にあくまでも従うという原理主義を採用するならば、もし現在がまだ逆縁広布の時代だと判断すれば、曼荼羅本尊を主張するだろうし、もし現在が順縁広布の時代であると判断すれば、釈迦仏像本尊を許容するだろう」

氏の見解によるならば、順縁広布の時代と判断した場合には曼荼羅本尊に替えて釈迦の仏像を礼拝するという驚くべき事態が起こりうることになる。氏のこの見解は、正信会の大黒喜道の説を踏襲したものと思われるが、「逆縁広布＝曼荼羅本尊、順縁広布＝仏像本尊」という大黒の説は、「曾谷入殿殿許御書」にいう「一大秘法」は万年救護本尊に当たると主張するなど、極めて主観的な憶測に基づく、客観的根拠に欠けた見解で、荒唐無稽《こうとうむけい》な「珍説」という他なく、一般に到底支持できるものではない。

翻って日蓮は本尊をどのように考えていたか。日蓮が門下に対して礼拝の対象である本尊として授与したものは曼荼羅本尊以外にない。門下が釈迦仏像を造立したことを容認した例は富木常忍と四条金吾夫妻だけで、日蓮が門下に対して釈迦仏像の造立を積極的に勧めたことは一切ない。日蓮が富木常忍と四条金吾夫妻の釈迦仏造立を容認したのは、本尊といえば絵像・木像の仏像であるという観念が支配的だった当時の社会通念を踏まえ、人々が阿弥陀如来や大日如来に傾いている中で釈迦仏像を造立することは他経に対して法華経を宣揚する権実相対の趣旨からは正しい方向であるとしたのであろう。もし日蓮が富木常忍らの釈迦仏像造立を厳しく破折したならば、法華経を信仰してきた彼らの信心そのものを破壊する恐れがあったと思われる。日蓮による釈迦仏像造立の容認は極めて例外的なことであり、文字曼荼羅が本尊であることが十分に理解できなかった当時の門下の機根を考慮しての化導であった。

日蓮は、伊豆流罪の時に地頭伊東八郎左衛門から贈られた釈迦の一体仏を随身仏として所持したが、それは日蓮自身の境地においてなされたことであり、門下に対して釈迦一体仏を本尊とするように教示したことは一切ない。日寛が「末法相応抄」で「吾が祖の観見の前には、一体仏の当体全く是れ一念三千即自受用の本仏の故なり」(『六巻抄』一七二頁)と述べていることが妥当であろう。

身延派の中興の祖とされる行学院日朝の「元祖化導記」によれば、日蓮は臨終の前日、それまで安置していた釈迦の一体仏を退け、曼荼羅本尊を掛けるよう指示したと伝えられる。そこにも文字曼荼羅を本尊とする日蓮の最終的な意志が示されているといえよう。また、日興の「宗祖御遷化記録」によれば、日蓮は臨終に先立ち、釈迦の一体仏を自身の墓所の傍らに置くよう遺言した。その処置においても釈迦仏像を門下が広く礼拝する本尊とするのではなく、日蓮を偲《しの》ぶためのものとして扱うべきであるとの意図をうかがうことができる。

日蓮は「観心本尊抄」で、本尊について次のように述べている。

「その本尊の為体《ていたらく》は、本師の娑婆の上に宝塔空に居し、塔中の妙法蓮華経の左右に釈迦牟尼仏・多宝仏、釈尊の脇士たる上行等の四菩薩、文殊・弥勒等は四菩薩の眷属として末座に居し、迹化・他方の大小の諸の菩薩は万民の大地に処して雲客月卿《うんかくげっけい》を見るがごとく、十方の諸仏は大地の上に処したもう。迹仏・迹土を表する故なり」（一二三六頁）

ここに言う「塔中の妙法蓮華経」とは曼荼羅本尊の中央に大書されている「南無妙法蓮華経」を指し、その「左右に釈迦牟尼仏・多宝仏」とは「南無妙法蓮華経」の左右にしたためられている釈迦牟尼仏と多宝如来であることは明らかである。すなわち、この文は、まさに曼荼羅本尊の「為体《ていたらく》」すなわち相貌を述べたものに他ならない。

また日蓮は「本尊問答抄」で、「問うて云わく、末代悪世の凡夫は何物をもって本尊と定むべきや。答えて云わく、法華経の題目をもって本尊とすべし」(三〇二頁)として「法華経の題目」すなわち南無妙法蓮華経を本尊とすべきであると教示し、さらに「問うて云わく、しからば、汝、いかんぞ、釈迦をもって本尊とせずして、法華経の題目を本尊とするや。答う。上に挙ぐるところの経釈を見給え。私の義にはあらず。釈尊と天台とは、法華経を本尊と定め給えり。末代今の日蓮も、仏と天台とのごとく、法華経をもって本尊とするなり。その故は、法華経は釈尊の父母、諸仏の眼目なり。釈迦・大日、総じて十方の諸仏は、法華経より出生し給えり。故に今、能生《のうしょう》をもって本尊とするなり」(三〇四頁)として釈迦仏を本尊としない理由を明示している。

すなわち、釈迦を含めた諸仏は法華経から生み出された所生《しょしょう》の存在に過ぎず、法華経こそが諸仏を生み出した能生の存在であるから法華経を本尊とするのであるという。もちろん、ここでいう法華経とはテキストとしての法華経ではなく、法華経の題目すなわち南無妙法蓮華経を意味している。

日蓮は「観心本尊抄」の段階ではまだ含みのある表現を残していたが、「本尊問答抄」では釈迦仏を本尊としない立場を明示している(釈迦本仏義の否定)。この見地を踏まえるならば、「観心本尊抄」が曼荼羅本尊と釈迦仏像の両論併記であるという宮田氏の理解は日蓮の真意を読み誤ったものと言わなければならない。日蓮の具体の振る舞いに照らしても、また文献に示された教示に照らしても、日蓮仏法の本尊は曼荼羅本尊のみであり、釈迦仏の仏像を本尊とする教義は日蓮には存在しない。

「原殿御返事」に「日興一人、本師の正義を存して本懐を遂げ奉り候べき仁《じん》に相当たって覚え候えば」(二一七一頁)とあるように、自身こそが日蓮の教義を正しく継承しているとの自覚に立っていた日興は、当然のことながら曼荼羅本尊正意の立場を堅持し、生涯の最後まで日興門流の寺院に釈迦の仏像を造立することを絶対に許さなかった。日蓮の滅後、身延の地頭波木井《はきい》実長《さねなが》が釈迦の仏像を造立して本尊としたことを日興は謗法と断じ、地頭の謗法が明確になった以上、身延にとどまっていたのでは日蓮の正義を保持することができないとして身延を離山している。この行動を見ても、日興が釈迦の仏像造立・礼拝を重大な仏法違背としたことが理解できよう。

日興の曼荼羅本尊正意の立場は「富士一跡門徒存知の事」および「五人所破抄」の次の文に明確に示されている。

「日興云わく、聖人御立《ごりゅう》の法門においては、全く絵像・木像の仏菩薩をもって本尊となさず、ただ御書の意に任せて妙法蓮華経の五字をもって本尊となすべし。即ち御自筆の本尊これなり」(「富士一跡門徒存知の事」二一八〇頁)
「日興云わく、諸仏の荘厳同じといえども、印契によって異を弁ず。如来の本迹は測り難し。

眷属をもってこれを知る。ゆえに、小乗三蔵の教主は迦葉・阿難を脇士となし、伽耶《がや》（始成《しじょう》の迹仏は普賢・文殊左右に在り。この外の一体の形像、あに頭陀の応身にあらずや。およそ、円頓の学者は、広く大綱を存して網目を事とせず。つらつら聖人出世の本懐を尋ぬれば、源《みなもと》、権実已過の化導を改め、上行所伝の乗・戒を弘めんがためなり。図するところの本尊は、また正像二千の間、一閻浮提の内、未曽有の大漫荼羅なり。今に当たっては、迹化の教主既に益無し、いわんや哆々婆和《たたばわ》の拙仏をや。次に、随身所持の俗難は、ただこれ継子一旦の寵愛、月を待つ片時の蛍光か。執する者、なお強いて帰依を致さんと欲せば、すべからく四菩薩を加うべし。あえて一仏を用いることなかれ云々」（「五人所破抄」二一九〇頁）

日興は、日蓮仏法の本尊はあくまでも曼荼羅本尊であることを前提にした上で、どうしても仏像を造立したいと仏像に執着する者が出た場合には、釈迦の一体仏ではなく、脇士に上行等の四菩薩を加えて造立することを条件に、例外的処置としてそれを認めている。これは、日蓮が富木常忍・四条金吾夫妻の釈迦仏像造立を例外的に容認したのと同様、門下の機根を鑑みた上での方便と理解すべきである。当時は本尊といえば絵像・木像の仏像と考える観念が強く、門下に対して仏像造立を全面的に禁止したのでは法華経の信心そのものが維持できない場合もありえたからである（四菩薩の造立を条件にしたことによって仏像の造立を抑制しようとしたとも考えられる）。

曼荼羅本尊正意の立場を堅持する日興に対し、宮田氏は「あまりにも曼荼羅本尊に執着しすぎ、釈迦仏像造立に消極的な日興の偏向であるとされても仕方がないだろう」（日興の教学思想の諸問題（2）――思想編）と批判している。釈迦仏像造立を認める宮田氏が日興を「あまりにも曼荼羅本尊に執着しすぎ」であり、「偏向」であると批判するのはもとより自由だが、しかしその姿勢は日蓮や日興よりも自己自身の判断を上位の基準とすることになっていないだろうか。それは「心の師とはなるとも、心を師とせざれ」との仏法の基本的な戒めに違背するものとならないだろうか。

日蓮と日興が文字曼荼羅を本尊としたのは仏法上の深い必然性があったが故と解せられる（文字曼荼羅でなければ本尊を礼拝する人間を含めた十界の衆生が妙法に包摂されること、また南無妙法蓮華経と日蓮が一体不二であるという人法一箇の法理を表し得ない）。日蓮仏法について考察していくのであるならば、自分の考えを判断基準にして裁断するのではなく、日蓮、日興の言葉に謙虚に耳を傾ける在り方がもう少しあってもよいのではないかと思われる。

（6）学説が確かな根拠になりうるか

宮田氏の諸論文を読んでいて気になるのは、氏が学術的であることを至上価値と考え、学問の世界で認められている学説を判断の基準にしているように見受けられることである。例えば、身延派の学者による「御義口伝」偽作説に対して日蓮正宗側が反論していることについて、氏は次のように言う。「宗門から反論を出すだけで決着するような問題ではなく、むしろ印仏学会などの専門学会で、学会発表、学術論文での論争の上で決着するのでなければ学術的な議論をすることはできない。少なくとも日蓮正宗を代弁する形で、専門学会でそのような主張がなされたということを私はまだ聞いていない」（漆畑正善論文「創価大学教授・宮田幸一の『日有の教学思想の諸問題』を破折せよ」を検討する）。

これでは専門学会での発表や論文以外の言論は論評するに値しないと言っているに等しく、アカデミズムの傲慢、慢心と言われてもやむを得ないだろう。学問は本来、万人に開かれたものであり、専門学会に属する者だけが独占するものではない。専門学会での議論はもちろん意味はあるが、専門学会外の言論に対して専門学会での議論であるというだけで優越的・特権的地位を有するものではない。もしも専門学会の外の言論は学問的に認めないという傲慢な態度に終始していたならば、その学問自体が視野狭窄状態に陥って一般社会との繋がりを失い、硬直化していくだけであろう。宮田氏も専門学会での発表や学術論文以外の主張を相手にしていたのでは学術的な議論をすることはできないなどと「上から目線」で門前払いしていないで、日蓮正宗の言い分についてもそれこそ学術的な態度で誠実に論評すべきではないだろうか。

そもそも専門学会における支配的な学説といっても、ある時点において認められていただけで永遠不滅のものではない。ある時点では支配的な学説も、時代が経過すれば誰からも支持されない過去の遺物になっていく場合があることは、学問の分野を問わず、むしろ通常一般の在り方である。仏教学の分野の例を挙げれば、大乗仏教の起源について、かつては平川彰《ひらかわあきら》博士が提唱した仏塔起源説が支配的な通説だった時期があったが、今日ではその説はほとんど支持されていない。研究者の共通認識とか一般的な学説などといっても、その時代時代の風潮の反映であり、確固不動の基準になるものではない。人間の持つ知識はどこまでも暫定的なものであって、後になれば誤りであったことが判明する可能性をはらんでいる。従って、専門学会における一般的な見解だからといって、それを絶対視することはむしろ大きな誤りを犯す恐れがある。

諸学問がますます細分化されている今日、少数の仲間内だけにしか通用しない閉鎖的議論に終始する結果、その議論が一般社会の感覚から懸け離れ、「専門学会の常識が世間の非常識」になる場合も稀ではない。学問の「たこつぼ化」の反省から、専門の枠を超えた学際的・総合的な洞察が求められている今日、専門学会での議論でなければ相手にしないなどという思い上がった尊大な態度はむしろ厳しく批判されなければならない。

さらに気になるのは、それほど専門学会での議論を重視している当の宮田氏の諸論文が、自分の所属している大学や研究所の紀要ばかりで、厳正なレフェリーシステムがある全国的な専門学会の機関誌（例えば日本哲学会の「哲学」など）に掲載されたものが、氏の専門である哲学の分野を含めて、氏のホームページを見る限り皆無であるということである。

一般論として、専門学会の機関誌への寄稿がなければ社会に通用する研究者とは認められない。この点について日本中世史の研究者である細川涼一氏は次のように述べている。

「われわれ大学院生につねに温顔をもって接して下さった先生〈佐々木銀弥氏を指す――引用者〉は、しかし、研究者として自立し通用するためには大学内の雑誌に書くのではなく、レフェリーシステムのある学会誌に投稿するよう厳しく指導された」、「外で通用する研究者になるようにとの佐々木先生の忠告・助言がなかったなら、研究者としてともかくも自立している今日の自分はなかったように思う」（『中世の身分制と非人』あとがき）

大学や研究所の紀要は、他の研究者によるチェックがほとんど入らないので、執筆者がそれこそ自分の好きなように書くことができる。宮田氏の諸論文が学術論文のような形をとっていながら、内容が極めて主観的で説得力に乏しいのはこのような事情も働いているようである。

（7）自分の判断が一切の基準か

宮田氏の著書や論文を読んでみると、氏の発想の根底にはいわゆる相対主義的な思考があるようである。例えば『牧口常三郎はカントを超えたか』で、氏は幸福観や価値観または真理の捉え方が個人や社会によってさまざまであるとして、次のように言う。

「宗教的信仰と功徳、法罰との因果関係を客観的に規定するためには、幸福観、価値観の多様性ということが障害になってくる。（中略）そこで多くの宗教社会学的調査がしているように、幸福、不幸というものが主観的なものであっても構わないということのほうが、より人間の生活実状に即している」（同書一四三頁）

「『永遠の真理』とは一つの理念ではあっても、現実にわれわれがそのような真理を所有しているわけではないという相対主義的な見解が大多数の哲学者の見解となっている。そのうえで、なお人々は『真偽』という用語を使用しているが、その使用はその人々が所属する文化的共同体が持つ常識的信念や大多数の学者たちの同意する学問的知識などを含む世界像に依存している」（同書一七〇頁）

また、宮田氏は論文「『本尊問答抄』について」でもドイツの哲学者シュリックとヴィトゲンシュタインとの論争に触れ、氏自身の結論として「『人々が一致して』受け入れる倫理規範は実際には成立しないだろう」と述べている。

宮田氏は日蓮仏法における曼荼羅や方便品・寿量品の読誦についても相対主義的な立場から捉え、次のように言う。

「曼荼羅にも文化相対主義的問題はある。それは曼荼羅が大部分漢字で書かれているという問題である。漢字文化圏に所属する人々であれば、曼荼羅を見て、その普遍的な救済理念を知ることができるが、漢字文化圏に所属していない人々には、何が表現されているか全く分からない。(中略)仏教はもともと多言語主義だから、曼荼羅が聖別を必要としないのであれば、救済の普遍性のメッセージを伝達することができればよいのだから、曼荼羅も漢字で書かれる必要性はなくなるだろう。日蓮は方便品、寿量品の読誦を必要な修行と認めたが、それも何も漢字の経典を、日本語化した中国語式発音で読誦する必要もないだろう」(『本尊問答抄』について)

氏の発言は真理と価値の両面にわたっているので、いわゆる認識的相対主義と道徳的相対主義の両方を含む立場のようである。相対主義は、古代ギリシャのプロタゴラスが「人間は万物の尺度である」と主張したように、西洋・東洋を問わず大昔から存在した見方で、何もこと新しいものではない。ただ、一九六〇年代以降に台頭した「ポストモダン」の論調が相対主義的立場に立ったので、相対主義が一時的に流行したような時期もあったが、同時に厳しい批判も提起されており、相対主義の中身にもよるが、「相対主義的な見解が大多数の哲学者の見解となっている」というのは明らかな言い過ぎであろう。

何が正義か、何を価値とするかという判断基準が個人や社会によって多様であるというのは一面の真理だが、それを極端にまで押し進めると、「誰がどのような信念をもって何をしようと全てそれは正しい」ということになり、「何をやってもよい」という無秩序、あるいは「全てはどうでもよい」という虚無主義に陥りかねない。自己と他者の間には何の共通性もなく、全く理解不能なエイリアン同士となり、力だけが解決の手段となる弱肉強食の「万人の万人に対する闘争」となる恐れがある。相対主義を突き詰めたら、ホロコーストや無差別テロさえをも倫理的に非難することが不可能となろう。実際、人類史においては他部族・他民族あるいは異教徒や異端者に対する大量虐殺は珍しいことではなかった。しかし、多くの悲惨を経験しながら、互いの差異を超えて共存する道を模索してきたのが人類の歴史であったはずである。

それは、個人や社会における多様性を踏まえながら、同じ人間として共通する基盤があることを発見していく営みであったともいえよう。どれほど文化や言語が異なっていても人間同士の意思疎通は可能であり、またホメロスや司馬遷などを思い起こすまでもなく、文化圏を全く異にする数千年前の文学作品であっても現代人が共感することができる。このような事実は、文化や人種・民族などの差異を超えて、人間が人間存在として共通普遍の基盤を共有していることを示している。第二次大戦後の世界人権宣言で結実した基本的人権の思想は、まさに人間の共通普遍の基盤が存在するという信念に立っている（一切の人権を否定して人種差別・性差別・奴隷制度の復活を公に主張することは、今日の世界においてはまともな議論とは受け入れられないだろう）。人間の持つ多様性と共通性の両面を見ていくのが中庸を得た在り方ではなかろうか。翻って相対主義的な思考は人間の共通性を軽視し、差異性のみを強調し過ぎる偏りがある。

二十世紀を代表する哲学者の一人カール・R・ポパーは相対主義的思考の危険性を指摘し、次のように厳しく断罪している。

「それ（大言壮語の、意味不明の言葉遣いの流儀を指す――引用者）は知的無責任というものです。それは、常識を、理性を破壊します。それは相対主義とよばれるような態度を可能とします。この態度は、あらゆるテーゼは知的には多かれ少なかれ同等に主張可能であるというテーゼを導きます。すべてが許されるのです。ですから相対主義のテーゼは、明らかにアナーキー、法の喪失状態、そして暴力の支配を導くのです」（『よりよき世界を求めて』三〇一頁）

「相対主義は、知識人たちが犯した数多くの犯罪のうちのひとつです。それは、理性に対する、そして人間性に対する裏切りです。ある種の哲学者たちは真理にかんする相対主義を説いていますが、それは、思うに、真理と確実性の観念を混同しているからなのです」（同書一九頁）

人間の普遍性を直視することなくして人類に建設的な貢献をしていくことは不可能であろう。「ポストモダン」の思想が結局は批判に終始するだけで、何ら将来の展望を示すことができなかった原因もその辺にあるといえそうである。

人間の普遍性に関して、哲学者の竹田青嗣氏は「自由」こそが人間存在に共通する本質的な欲望であるとの洞察の上から次のように述べている。

「『自由』が人間的欲望の本質契機として存在する限り、人間社会は、長いスパンで見て、『自由の相互承認』を原則とする普遍的な『市民社会』の形成へと進んでゆくほかはない。ここに含まれる社会の理念は以下のようである。

どんな国家においても、また国家間においても、普遍暴力状態が制御され、政治と経済と文化における自由な承認ゲームの空間が確保されてゆくこと。このことによって、すべての人間が、宗教、信条、共同体的出自、言語、職業、その他の条件によって差別されず、つねに対等なプレーヤーとして承認しあうこと」（『人間の未来』二六六頁）

普遍性といえば、一切衆生の成仏を標榜する仏教は、人間どころか全ての生命を貫く普遍性を強調する思想である。なかんずく天台大師が確立した一念三千の法理は、五陰世間・衆生世間・国土世間の三世間を含み、植物や岩石など通常は神経や意識を持っていないと考えられてきた非情の存在まで有情と共通の法理に貫かれているとする。三世間の「世間」とは差異・区別を意味する言葉であるから、要するに万物はそれぞれの差異を有しながら、同時に共通・普遍の法の当体であると見るのが一念三千の生命観である。ここに、多様性と普遍性の両面を包含する仏教の卓越性を見ることができよう。

宮田氏によれば、曼荼羅本尊もアルファベットやギリシャ文字、ペルシャ文字、ハングルなど、漢字以外の文字でしたためても差し支えないことになりそうだが、はたしてそうだろうか。曼荼羅が文化的共同体ごとに異なる文字で表された場合、人の流動性がますます活発化している今日、仕事等で世界各地を移動する人は移動するたびに異なる文字の曼荼羅を礼拝しなければならないケースも生ずるだろう。それでは本尊としての普遍性・統一性は全く失われてしまう（方便品・寿量品の読誦についても同様の問題が生ずる。各国語に翻訳されたもので読誦したのでは、国が異なる人同士が一緒に勤行することはできない。修行としての統一性はやはり尊重されるべきであろう）。

曼荼羅本尊は仏の生命そのものであり、妙楽大師が「たとい発心真実ならざる者も正境に縁すれば功徳なお多し」と述べているように、たとえ曼荼羅に記されている文字の意味が全く理解できない人でも、曼荼羅が仏の当体であることを信じて唱題に励むならば、曼荼羅本尊という正しい対境に縁することによって、感応妙の原理により、自身に内在する仏界の生命が触発されるであろう。そもそも曼荼羅に記されている文字は十界の衆生が南無妙法蓮華経に照らされて仏界所具の十界となっている姿を表すもので、礼拝者に対して一定のメッセージを伝達するためのものではない。その意味では曼荼羅に記された文字は論文や消息などの文字とは意義が異なると考えられる。曼荼羅本尊は漢字と梵字で記されているが、漢字や梵字の文化圏に限定された相対的なものではなく、「経王殿御返事」に「日蓮がたましいをすみにそめながしてかきて候ぞ、信じさせ給え」(一六三三頁)とある通り、末法の本仏日蓮と一体不二である仏の当体そのものとして受け止めるべきであろう。

宮田氏の姿勢について、相対主義の問題と併せて気になるのは自己の主観的判断や嗜好を基準とする在り方である。例えば、一般の門下には開示しない教義を一部の限られた門下に教示することを宮田氏は「二重基準」「秘密主義」と規定し、「私としては二重基準を持った宗教者という日蓮像は好きではない」(『守護国家論』について)と述べている。氏がどのような嗜好性を持っても自由だが、宗教者の人間像や教義まで自分の好き嫌いを基準に判断するのは適切ではないだろう。

日蓮が「種脱相対」や「日蓮本仏義」などの内奥の教義を一般の信徒には開示せず、極めて少数の門下にしか示さなかったことは事実として認められる。その事実は他人の好き嫌いなどによって左右されるものではない。例えば種脱相対や曼荼羅本尊について教示した「観心本尊抄」を日蓮は富木常忍に与えたが、その「送状」には「この書は難多く答え少なし。未聞のことなれば、人の耳目《じもく》これを驚動すべきか。たとい他見に及ぶとも、三人四人座を並べてこれを読むことなかれ」(一四七頁)と、同抄を決して多くの人に読ませてはならないと厳しく戒めている。

日蓮が「宗教の五綱」について「行者仏法を弘むる用心を明かさば、夫《そ》れ、仏法をひろめんとおもわんものは、必ず五義を存して正法をひろむべし。五義とは、一には教、二には機、三には時、四には国、五には仏法流布の前後なり」（「顕謗法抄」四九八頁）と述べている通り、仏法の弘通は、教理の内容はもちろん、相手の能力（機根）、時代や国土の状況などを総合的に勘案してなされるものであり、誰に対しても一律の内容が開示されるものではない。相手によって異なる教示がなされることにはそれだけの理由と周到な判断があるのであり、その多様な言語表現について「二重基準」「秘密主義」などと非難めいた言辞を弄すること自体が筋違いであり、自身の浅慮を示すものという他ない。「大智慧の者ならでは日蓮が弘通の法門分別しがたし」（「阿仏房尼御前御返事」一七三〇頁）の言葉を重く受け止めるべきであろう。

宮田氏が仏教の教義についても自身の主観的理解を基準に判断していることは氏の諸論文の随所にうかがえる。例えば、草木成仏についても氏は「非生物である草木が仏になる（＝修行もなしで成仏できる）という神秘思想は全く理解できず、日蓮が魂を込めたから、曼荼羅本尊が仏の当体となるという神秘思想も理解できなかった」（ＳＧＩ各国のＨＰの教義紹介の差異について）と述べ、草木成仏の法理を神秘思想であるとして否定している。草木成仏とは、草木や岩石など、感情や意思を持たない存在と考えられてきた「非情」の存在も十界の当体として仏となりうるという法理であり、一念三千の要素である国土世間の概念と結びついている。

草木成仏は一念三千の法門の前提であり、日蓮自身も「観心本尊抄」で妙楽大師の「一草・一木・一礫・一塵、各一仏性、各一因果あり。縁・了を具足す」（一二五頁）の文を引いて確認している。天台・妙楽・日蓮が一貫して維持してきた草木成仏の法理を神秘思想という一言で排除したならば、三世間の中の国土世間を否定することになって一念三千の法数が成就せず、「一念二千」になってしまう。宮田氏にとっては、天台・妙楽・日蓮が仏教の根本教義としてきた一念三千の法理よりも自身の主観的判断の方が上位に位置づけられている。

「私は合理主義者である」（日興の教学思想の諸問題〈2〉）として合理主義者を標榜する宮田氏は合理性を重視し、理性で当否を判断できない思想は神秘思想として排除する立場に立つようである。しかし、世界は理性で全て解明できているわけではなく、最先端の科学によっても未知の領域はいくらでもある。理性を重んずることは正しい態度だが（日蓮も「三証」の一つとして「理証」を挙げている）、同時に理性の限界を認識しておくことも重要である（ソクラテスの「無知の知」はその意味において理解することもできよう）。竜樹や天台の著述にある「言語道断・心行所滅」という言葉も世界を貫く真理が言語や人間精神の力では把握し表現できないことを示している。理性が判断できないものを全て拒絶するという理性至上主義でなく、人間の理性では把握できないものがあり、現在は正しい知識とされているものも絶対的なものではなく、未来には誤りとされて修正される可能性があることを認める謙虚さが必要ではなかろうか

(ちなみに植物も歴《れっき》とした生物であり、宮田氏が「非生物である草木」としているのは明らかな誤りである。また、氏は草木成仏について「修行もなしで成仏できる」こととしているが、自行化他にわたって唱題に励む仏道修行は人間のみがなしうることであり、人間以外の動物は行うことはできない。その点では動物も植物と同列である。氏は、仏性があるのは人間だけで、人間以外の動物には仏性はないとするのであろうか)。

最近のウイルス学の知見によれば生物と非生物の区別はあいまいになっており(生物と非生物を厳密に区別できない)、有情と非情の両者を包含して万物を生命の当体として把握しようとする一念三千の思想は、むしろ現代の学問からも支持されるものになっていると思われる。草木成仏の法理は現代の学問の方向性と合致しており、決して理解不能な神秘思想などではない。

各人の理解が判断の基準であるという相対主義的立場に立つ氏は、自分が理解できないものは全て排除し、否定しているようである。しかし法華経は、「仏の成就したまえる所は、第一希有《けう》難解の法なり。唯《ただ》仏と仏とのみ乃《いま》し能く諸法の実相を究尽したまえり」(法華経一〇八頁)、「また舎利弗に告ぐ　無漏不思議の　甚深微妙の法を　我は今已《すで》に具え得たり　唯我のみ是の相を知れり　十方の仏もまた然《しか》なり」(同一一一頁)と説き、仏が悟達した甚深の法は仏のみが知り得るものであって、声聞・縁覚・菩薩などでは知り得ないものであるとしている。「言語道断・心行所滅」の言葉と同様、仏の悟った法は二乗などが用いる合理的判断力を超越したものであるとするのである。その故に仏法の領解は、智慧第一の舎利弗ですら自身の智慧ではなく法に対する信によって初めて可能になると説かれる（「以信得入」）。

それに対し、自分の理性的判断で理解できないものを全て神秘思想として否定する態度では罪障消滅（宿命転換）や人間革命、あるいは祈りの力ということも受け入れられないものとなるのではなかろうか。およそ宗教とは、妙法といい神というなど呼称は様々であるとしても、死後の問題を含めて、人智を超越した何ものかを信ずることに他ならない。それ故に、理性で判断できないものは全面的に排除するという単純浅薄な合理主義にとどまっていたのでは、結局のところ宗教を取り扱うことは不可能となろう。

現代人である以上、各自の合理的理解で物事を判断していくのは当然だが、同時に理性は万能ではなく、世界には理性の力では把握できない領域があり、また各自の判断が誤まったものとして常に修正される可能性があることを知らなければならない。その認識を持たず、自己の理解が常に正しいものとして自己の見解に固執し、他者からの批判を拒否して自分を特権的立場に置くことは一つの傲慢として否定されよう。仏教においては仏や師匠の教えよりも自分の判断を優先させる態度が顕著な禅宗に対し（「殺仏殺祖《さつぶつさつそ》」〈臨済義玄〉という禅宗の言葉は象徴的である）、天台大師は『摩訶止観』で「謂《い》己《こ》均《きん》仏《ぶつ》（己《おのれ》、仏に均《ひと》しと謂《おも》う）」として厳しく破折した。自己の理解を一切の基準にする姿勢は、天台のこの批判に当たる恐れがあると思われる。

（二〇一六年九月発表、二〇二四年三月加筆）

参考文献

『日蓮大聖人御書全集　新版』創価学会（二〇二一年）
創価学会教学部編『妙法蓮華経並開結』創価学会（二〇〇二年）
堀日亨編『富士宗学要集』全十巻　創価学会（一九七四年）
堅樹日寛『六巻抄』聖教新聞社（一九六〇年）
『日蓮正宗歴代法主全書　第一巻』大石寺（一九七二年）
『牧口常三郎全集』全十巻　第三文明社（一九八三年）
『戸田城聖全集』全九巻　聖教新聞社（一九八一年）
池田大作『御義口伝講義』上下　創価学会（一九六五年）
――『法華経の智慧』全六巻　聖教新聞社（二〇〇〇年）
創価学会教学部編『教学の基礎』聖教新聞社（二〇〇二年）
――『教学入門』聖教新聞社（二〇一五年）
『創価学会教学要綱』創価学会（二〇二三年）
日蓮宗宗務院教務部編『宗義大綱読本』日蓮宗新聞社（二〇〇二年）
伊藤瑞叡『なぜいま三大秘法抄か』隆文館（一九九七年）

金原明彦『日蓮と本尊伝承』水声社（二〇〇七年）
立正大学日蓮教学研究所編『日蓮宗宗学全書　第二巻』山喜房仏書林（一九五九年）
――『日蓮聖人遺文辞典　教学篇』身延山久遠寺（二〇〇三年）
中村元『ゴータマ・ブッダI』春秋社（一九九二年）
――『原始仏教の生活倫理』春秋社（一九九五年）
須田晴夫『日興門流と創価学会』鳥影社（二〇一八年）
――『新版　日蓮の思想と生涯』鳥影社（二〇一六年）
――『新法華経論』アマゾン・ペーパーバック（二〇二二年）
松本佐一郎『富士門徒の沿革と教義』大成出版社（一九六八年）
宮田幸一『牧口常三郎はカントを超えたか』第三文明社（一九九七年）
ポパー『よりよき世界を求めて』未来社（一九九五年）
竹田青嗣『人間の未来』筑摩書房（二〇〇九年）

〈著者紹介〉
須田晴夫（すだ　はるお）
1952 年 2 月　東京都生まれ
1977 年 3 月　東京大学法学部卒業
2012 年 2 月　団体職員定年退職

著書
『新版　日蓮の思想と生涯』（鳥影社）2016 年
『日興門流と創価学会』（鳥影社）2018 年
『新版　生命変革の哲学―日蓮仏教の可能性』（鳥影社）2024 年
『改訂版　新法華経論――現代語訳と各品解説』（アマゾン・ペーパーバック）2022 年
『現代語訳　人生地理学』上下（アマゾン・ペーパーバック）2022 年
『Mythos and Wisdom』（アマゾン・ペーパーバック）2023 年
＊『新法華経論』各品解説部分の英語版

『創価学会教学要綱』と
日蓮本仏論の考察

2025年 1月23日初版第1刷発行
著　者　須田晴夫
発行者　百瀬精一
発行所　鳥影社 (choeisha.com)
〒160-0023 東京都新宿区西新宿3-5-12-7F
電話 03-5948-6470, FAX 0120-586-771
〒392-0012 長野県諏訪市四賀229-1（本社・編集室）
電話 0266-53-2903, FAX 0266-58-6771
印刷・製本　モリモト印刷

ISBN978-4-86782-144-2 C0015